全国高等院校通识教育融媒体创新教材

大学生 创新创业实训

DAXUESHENG
CHUANGXIN CHUANGYE
SHIXUN

范云峰／主　编
黄德斌　刘　超／副主编
肖坤斌　涂晴晖
张　娜

中国海洋大学出版社
·青岛·

图书在版编目(CIP)数据

大学生创新创业实训/范云峰主编. —青岛:中国海洋大学出版社,2019.6

ISBN 978-7-5670-2257-7

Ⅰ.①大… Ⅱ.①范… Ⅲ.①大学生—创业—高等学校—教材 Ⅳ.①G647.38

中国版本图书馆 CIP 数据核字(2019)第 112898 号

出版发行 中国海洋大学出版社
社　　址 青岛市香港东路 23 号　　**邮政编码** 266071
出 版 人 杨立敏
网　　址 http://pub.ouc.edu.cn
电子信箱 1079285664@qq.com
订购电话 0532－82032573(传真)
责任编辑 由元春　　**电　　话** 0532－85902495
印　　制 北京荣玉印刷有限公司
版　　次 2019 年 6 月第 1 版
印　　次 2021 年 12 月第 2 次印刷
成品尺寸 185 mm×260 mm
印　　张 13
字　　数 325 千
印　　数 1～3000
定　　价 39.80 元

前言
FOREWORD

大学生是"大众创业、万众创新"的重要参与力量。自高校扩招以来,大学生创新创业就倍受关注,政府和社会也开始大力提倡大学生创新创业,培养大学生创新创业能力已成为建设创新型国家和落实科教兴国的重要战略需要。创新创业能力是一个人在创新创业实践活动中的自我生存、自我发展的能力,一个创新创业能力很强的大学毕业生不但不会成为社会的就业压力,相反还能通过自主创业活动来增加就业岗位,缓解社会的就业压力。但是,于大学生而言,创新创业是机遇的同时,也是艰难的挑战。现实中的大学生创业率和成功率仍然处于较低水平。

在新时代的大背景下,创新创业潮要求大学生掌握更多的专业知识,具备更丰富的社会实践经验。作为21世纪大学生,应加强自身历练,提高自身的创新创业能力,从而更有能力接受社会赋予的使命,使自己成为社会的领跑者,走在时代的前沿。因此,为了让更多有创业梦想的大学生成功走上创业之路,我们遵循教育部关于创新创业教育的最新要求,精心编写了《大学生创新创业实训》。

本书以"能力本位、问题导向、精准指导"为原则,采用理论与实践紧密结合的编写模式,将创新创业基础知识设计为实训式的学习情景,其内容丰富、形式多样、易于操作。

全书共分为十二个项目,构建了走进创新创业、掌握创新方法、培养创新思维、提高创新能力、创业者与创业团队、创业机会与创业风险、创业资源整合、建立商业模式、创业计划、创业融资、创办新的企业、新企业的运营管理的内容体系。在每个项目内,设置有不同的实训活动、案例思考模块,通过全面的创新创业训练,可以提高大学生的创新意识,培养其创业精神,提高其创业能力。

本书可作为大学生创新创业理论课程的配套实训用书,也可作为教师教学的同步辅导用书，还可作为有创新创业想法的社会青年拓宽视野、增长知识的参考用书。

本书在编写过程中借鉴了诸多专家和学者的宝贵资料，在此对这些专家和学者表示感谢。

由于编写水平有限，虽以科学、严谨的态度力求精益求精，但书中错误和疏漏之处在所难免，恳请广大读者批评指正。

编　者

2019 年 6 月

目录
CONTENTS

专题一　走进创新创业

实训一　大学生创新创业现状问卷调查

【实训目的】

1. 学会分析大学生创新创业的现状。
2. 掌握设计问卷的基本流程。
3. 具备对数据进行筛选、分析的能力。

【实训流程】

流程 1　查找相关资料

大学生以 4 ~5 人为一组，通过百度、中国知网、搜狗等搜索引擎查找已有的相关文章，并按照下面的模板做详细的记录。

资料名称：____________________

查找资料的目的：____________________

主要内容：____________________

你的看法：____________________

流程 2　设计调查问卷

根据查找到的资料和文章，设计 7 ~ 11 道问卷调查题目，问卷调查语言要简单明了。

流程 3　实施问卷调研

1. 当你在设计完调查问卷后，你会选择以下哪种方式展开实地调查？（在你所选择的方式后，画“√”。）

网上填写问卷（　　）　　　　　　实地发放问卷（　　）

2. 你选择这种问卷调查方式的理由是什么？

3. 你认为在发放和收集调查问卷的过程中，应注意哪些问题？

流程 4　分析并汇报调查结果

大学生以小组为单位，通过对大学生创新创业现状进行讨论及分析，制作 PPT，并在小组内选出代表进行 PPT 讲解及汇报。在汇报结束后，同学们之间进行点评，并进行改正。建议通过下面这四个步骤进行汇报。

1. 你的调研目的是什么？

2. 请简单叙述你的调研过程。

3. 你的调研结果是什么？

4. 通过此次调研，你受到什么启发？谈谈自己接下来要如何做。

【实训思考】

1. 通过此次问卷调查，你对创新创业又有了哪些全新的理解？

2. 对比问卷调查中的内容，你认为创新创业对未来人生发展有影响吗？为什么？

实训二　创新创业辩论赛

【实训目的】

1. 通过辩论赛，让同学们认识到创新与创业之间的关系。

2. 提高大学生的逻辑思维、语言表达及辩论能力。

【实训流程】

流程 1　你对创新创业的初步了解

同学们在展开辩论赛之前，首先要对创新创业有一个初步的了解，对整个辩论赛有一个整体的认识。

1. 你对创新创业的初步了解有哪些？

____

____

____

2. 就你目前对社会发展的认识，你认为对于未来社会的发展，创业和创新两个因素哪一个更重要？

____

____

____

流程 2　确定正方和反方辩题

	正方	反方
辩论选手姓名		
一辩辩题		
二辩辩题		
三辩辩题		

续表

	正方	反方
四辩辩题		
自由辩论 （首先由正方提问，双方累计时间各五分钟。一问一答，自对方辩手落座起计算另一方的累计时间。在自由辩论结束之后，由其他同学向双方各提两个问题。其他同学提出的问题由评委团决定是否可以向场上辩论双方提问。）		
辩论结果		
备注		

流程 3　制作并汇报创新创业辩论赛结果

在辩论赛结束后，以小组为单位，整理辩论赛的汇报提纲，并制作成微视频，从小组中选出一个代表进行讲解，可以参考如下问题进行设置。

1. 通过这次辩论赛，你是如何看待创新与创业之间的关系的？请具体说明你的理由。

____

____

____

____

____

2. 通过此次辩论赛，你认为创新创业的前提是什么？

3. 通过此次辩论赛，你从中收获了哪些？

【实训思考】

随着时代的不断发展，你认为该如何去定义创新创业呢？

实训三　创新创业者自我评估测试

【实训目的】

1. 通过此测试，使大学生对自我在创新创业方面有一个基本的认识。
2. 使大学生能够更加深入地了解创新创业。

【实训流程】

流程 1　创新创业自我评估测试题

单项选择题

1. (　　)是创新人才进行创新活动时必备的精神要素，是创新人才进行创新的行动指南，更是创新人才在创新领域有更进一步发展的基础。

A. 健全的人格　　B. 多学科的综合知识结构
C. 先进的精神素质　　D. 掌握处理问题的诸多具体方法

2. 独创企业的特点在于(　　)是创业者个人独有的，相对独立，企业利润归创业者独有。

A. 产权　　B. 资源
C. 市场　　D. 资金

3. 创业者的创业计划必须通过具体的(　　)，才能实现创业目标。

A. 实际行动　　B. 策划
C. 人　　D. 市场体验

4. 对符合贷款条件的劳动密集型小企业，当年新招用的持再就业优惠证人员达到企业现有在职员工总数30%以上，并与其签订1年以上期限劳动合同的，根据实际招用人数，可享受最高(　　)万元贴息贷款优惠政策。

A. 200　　B. 300

C. 500　　D. 800

5. (　　)比较适用于规模较小、业务简单的企业。

A. 按经济功能来划分部门的组织结构

B. 以生产管理为中心的组织结构

C. 按地域划分部门的组织结构

D. 以产品线为中心的组织结构

6. 对创新水平较高的高技术创业企业尤其有重要影响的是（　　）。

A. 直接投资　　B. 提供贷款或贷款担保

C. 风险投资　　D. 合作经营

7. (　　)营销策略能满足更多细分市场的需要，有利于树立企业良好的市场现象。但这一策略也使得企业的生产成本和市场营销费用相应增加。

A. 细分性　　B. 无差异性

C. 集中性　　D. 差异性

8. 为鼓励就业和再就业，对军队转业干部从事个体经营且雇工在7人（含7人）以下的，自领取税务登记证之日起(　　)年免征营业税和个人所得税。

A. 1年　　B. 2年

C. 3年　　D. 4年

9. 宋朝的吕本中说的“悟入必自功夫中来”这句话指的是一种(　　)精神。

A. 领悟　　B. 敢为天下先的创新

C. 积极进取　　D. 锲而不舍的钻研

10. 渐进式的创新和突破性、革命性的创新是从(　　)的角度对创新进行分类。

A. 创新方法　　B. 创新过程

C. 创业　　D. 创新本质

11. 创业者个人或是团队白手起家进行创业是指(　　)。

A. 自主型创业　　B. 就业型创业

C. 个人创业　　D. 机会性创业

12. 技术创新的研究经历了一个从线性范式到(　　)的转变。

A. 国家状态　　B. 区域状态

C. 网络范式　　D. 线性范式

13. 新产品、新过程、新系统和新服务的首次商业性转化是指(　　)。

A. 自主创新　　B. 技术创新

C. 模仿创新　　D. 产品创新

14. 要改善全民创业环境，对个人而言，要(　　)。

A. 不断提高资金供给　　B. 快速降低创业者创业的门槛

C. 逐渐降低创业者创业的门槛　　D. 难以确定

多项选择题

1. 创新人才需要具备的人文素质有(　　)。

A. 卓越的实践能力

B. 多学科的综合知识结构

C. 健全的人格和先进的精神素质

D. 掌握处理问题的诸多具体方法

2. 创新意识，实际上就是一种独立的人格意识，包括(　　)。

A. 追求创新　　B. 崇尚创新

C. 乐于创新　　D. 敢于创新

3. 事实上，大多数创新是经过哪三步完成的？(　　)

A. 想象　　B. 假设

C. 验证　　D. 实践

4. 创业环境包括(　　)。

A. 创业以及相关的法律建设

B. 创业学科体系的建设

C. 创业软科学理论的研究和学科建设

D. 创业快速孵化理论的研究和孵化基地的建设

5. 当代西方创业经济学的两个分支，是(　　)和(　　)。

A. 技术创新经济理论　　B. 自主创新经济理论

C. 产品创新经济理论　　D. 管理创新经济理论

流程 2　诊断测试结果

创新创业人员基本素质评价标准及分值见下表。

<table>
<tr><td>评价项目</td><td>测试是否完成（15 分）</td><td colspan="2">测试完成质量（76 分）</td></tr>
<tr><td rowspan="2">评价分值</td><td rowspan="2"></td><td>单项选择题（56 分）</td><td></td></tr>
<tr><td>多项选择题（20 分）</td><td></td></tr>
</table>

流程 3 测试结果反馈

通过这一测试，你对自我在创新创业方面有了一个基本的认识。通过回答下述问题进行反馈。

1. 通过此次测试，你认为自己适合进行创新创业吗？为什么？

____

____

____

2. 通过此次测试，你对创新创业又有了哪些更深一步的了解呢？

____

____

____

3. 通过此次测试，你对未来事业发展有什么具体的规划吗？

____

____

____

【实训思考】

通过对创新创业的理解，你认为自己目前应该在哪些方面有所改进呢？

____

____

____

【案例思考】

创新不断，创业不止

1998 年，刚毕业一年的沈亚斌辞职下海。一次偶然的机遇，让这个原本学习国际金融专业的年轻人对环境、能源领域产生了极大的兴趣。在浙江金融职业学院求学期间，沈亚斌经常翻阅世界工业史、空气环境之类的书籍，对每个国家的发展方式与形态以及遇到的相关环境、能源问题兴趣浓厚。在他看来，出现问题才是最大的机会。1999 年沈亚斌正式从事环境事业，并投资第一个实验室及嘉兴工厂。2004 年，沈亚斌夫妻双双下海经商，成立杭州卡丽智能科技股份有限公司，这是一家致力于实现健康的人居空气环境的国家级高新技术企业。公司自成立以来一直专注于空气净化产品的研发，不仅拥有多种先进的生产设备，还配备了专门的实验室，用于在空气净化领域的不断突破。至今公司已经授权发明专利3项、实用新型专利5项、外观专利4项以及拥有软件著作权4项。2009年沈亚斌又创建了浙江中碳科技有限公司，该公司自主研发直流型UPS，至今自主拥有67项中国与美国专利。自2013年以来，中碳科技以自主创新、绿色节能为己任，为实现“中国梦，更低碳!”专心为客户服务，创造价值，解决行业“痛点”。公司于2012年被评为“浙江省科技型中小企业”，2013年荣获国家科技部发明创新基金奖，2015年荣获国家高新技术企业称号。

沈亚斌的事业发展经历可谓“创新不断，创业不止”。2014年沈亚斌回到母校做了一次“创新创业梦想中机遇与挑战”的主题演讲。他指出，创新是公司发展的动力和源泉，同时也是其赖以生存的核心要素；创新的思维来自对生活的认识；办法总比困难多，要依靠自己的智慧与情商去面对与解决问题。沈亚斌认为，创业是有基因的，这些基因包括想法成熟、逻辑思维强、内心够强大。如果还没学会游泳，便跟风一个猛子扎进去，是有风险的。他说，学校创新创业教育就是要培养学生的创业基因，通过创业类竞赛、沙龙等创业实践的尝试，让学生在不断的讨论、争吵中擦出创业的火花。

思考题：

1. 从沈亚斌的事业发展历程来看，其取得创业成功的根本因素是什么？

____

____

____

2. 结合沈亚斌的创新创业之路，请阐述创新与创业二者之间的关系。

____

____

____

3. 通过沈亚斌的案例，你受到了哪些启示？

____

____

____

案例一：雷军的新零售——你所不知道的“小米之家”

倘若你是小米的忠实粉丝，那么相信你一定会对“小米之家”这个概念有很全面的认识。“小米之家”是小米手机公司成立的直营客户服务中心，为广大“米粉”提供小米手机及其配件自提、小米手机的售后维修及技术支持等服务，是小米“粉丝”的交流聚集地。在“小米之家”，消费者可以获得关于小米官方最全面的产品信息，无论是产品规格还是操作引导，甚至包括更深入的用机体验、玩机技巧等，小米员工都会非常贴心地为消费者一一解答。

小米发展到现在，在全国范围内已经拥有超过700家门店，其中包含港台地区。“小米之家”的大举动如同雨后春笋般活跃在国内各大商超、ShoppingMall中，将传统“写字楼”式的服务与维护彻底升级，转变成现如今看到的位于商场内，以零售体验营销为主的“小米之家”旗舰店。

有些人会认为，“小米之家”旗舰店就是一个小米手机大卖场，然而并非如此。如果单纯以买手机为例，一个普通消费者每年会去店里逛的次数有限，但如果店内有其他物美价廉的小米产品，就会大大吸引顾客的眼球。由此可见，“小米之家”的运营之道是通过品牌和产品去吸引潜在用户，从而最终收获更大的经济利润。

互联网以“专注、极致、口碑、快”七字真诀引领潮流，似乎适用于任何领域。雷军认为，不论在哪一个行业，用户对服务的要求都是一致的，那就是要“专注地快，极致地好”。关于“专注地快”，他解释为：“用户想要咨询某个产品，他会要求你解答快；买了你的产品，他会要求你发货快；产品出了问题，他会要求你维修快；所以，做好服务的第一原则就是一个字——快！”基于此，“小米之家”有一条明文规定：“不论有多忙，都不能让任何用户等待超过15分钟以上，一旦发现问题在短时间内无法解决，则必须明确告知用户精准的时间，绝对不能浪费用户的宝贵时间。”不仅如此，“小米之家”还推出了“1小时快修敢赔”服务，“凡是小米维修人员1小时之内没有将其产品修好的用户，都可以得到小米20元的时间赔付费，为的就是让用户体验到维修服务‘非常快’。”

“小米之家”在“快”的同时，还有其第二制胜法宝——“极致地好”。这里有一个小故事。2013年，雷军决定对“小米之家”进行升级，全力打造更具示范效应的旗舰店。当时，小米服务的售后女主管问黎万强：““小米之家”的桌子和壁灯大概按照多少钱的标准最佳？”黎万强没有回答，只是反问道：“你在装修自己家的时候，难道也要按照关键绩效指标（KPI）来计算吗?”女主管是带着尴尬离开的，可是，当她三个月后再回到黎万强办公室的时候，交出来的却是一份令人满意的答卷。在装修时，仅是摆放展示产品的橱柜，她就先后换了四次，遑论其他。在精心的设计和不计成本的双重打造之下，小米服务可以说是同类服务部门中的佼佼者，即便是苹果的服务部门与小米相比，无论是在舒适度还是美观度等方面，都要略显逊色。

如果你觉得“小米之家”只有“快”与“好”两把利器，那就大错特错了。即便你还没有购买任何一款小米产品，但当你置身于小米服务之家中，你就会觉得可以接受的服务还有很多。例如，咨询手机故障、解决 Android 系统问题，甚至雨天借伞、闲时蹭网、借用打印机等，“小米之家”提供的服务都会让你感受到家的温馨。

事实证明，在提升品质的同时大大促进了小米产品的销售量，精致的服务为小米赢得了良好的口碑。没错，社会化营销的核心就是口碑传播，而良好的口碑则源于优秀的品质和服务，谁能为用户提供一流的产品和服务，谁就能让用户心甘情愿地做其传播的载体。而这一过程中，企业所付出的，其实仅仅是其本应该做到的而已。

通过“小米之家”，小米公司与“米粉”之间搭建起了一种比普通的用户和公司之间更为稳固、更为亲密、更为和谐的内在关系，这种新型的企业与用户之间的关系，正是小米快速发展的不竭力量之源。

思考题：

1. “小米之家”相较于其他服务旗舰店有哪些优势?

2. “小米之家”的服务理念有哪些创新之处?

3. 未来“小米之家”要做出哪些创新才能在竞争中立于不败之地?

总结分析：

（1）“小米之家”除手机产品之外，还有琳琅满目的小米智能产品及生活周边，强大的产品线足以促使大家每天都愿意光顾。

（2）“小米之家”为小米官方直营，无论是从选址还是经营，都是小米直接控制，店内商品价格也遵循了线上同价原则。

（3）“小米之家”不断升级店内体验，用户在“小米之家”可以产生身临其境之感，获得与实体零距离接触机会。

案例二：微信的崛起

2011 年 1 月 21 日，微信正式从腾讯公司广州研发中心诞生，其被定位为一款手机即时通信应用软件。用户可以通过手机、平板电脑和网页登录微信客户端来发送语音、文字、图片和视频，以及实现多用户之间的聊天。在此基础上，它还增加许多附属功能，譬如“摇一摇”“附近的人”“扫描二维码”等，大大提升了微信的趣味性。对比其他社交软件，微信的社交功能更为显著，充实着用户的碎片化时间。

现如今，微信已经作为一款国民应用软件深入人们的日常生活之中。例如，跟别人聊天，我们用微信；跟别人视频，我们用微信；发个小红包，我们用微信；购物付款，我们还是用微信。微信可以说是如影随形，时时刻刻都在影响着国民活动。那么，微信是如何崛起的？究其原因，还是要从微信的发展历程开始说起。

2010 年 11 月，美国移动互联网领域出现了一款简单的即时通讯软件——Kik，而且刚一上市，用户量就持续攀升，短短的 15 天就吸引了超过 100 万用户！这一“战果”让微信的创始人张小龙惊讶不已，当时作为腾讯广州研发部总经理的他看到了即时通讯的潜力，于是就萌生了一个大胆的想法：能否向移动社交软件的方向研发？于是他给马化腾发了一封邮件，建议腾讯开始做移动社交软件。这一封建议信成为马化腾决定进军移动社交软件的催化剂，马化腾很快回复张小龙，让其作为负责人带领腾讯广州研发部开始这个项目。

2011 年 1 月 21 日，微信 IOS 版正式上线。起初，微信的用户数量并不理想，而且受到周围相似产品的排挤愈演愈烈，并且部分研发人员认为微信的出现并未打破 QQ 的传统模式，无疑是画蛇添足，多此一举。在巨大的压力和言论中，只有张小龙依然相信自己的抉择，就在微信奄奄一息之际，另一款来自国外的软件 Talk Box 带给了张小龙灵感。Talk Box 能够进行语音识别，即通过录制语音信息来代替文字，掀起了一股语音热潮，于是张小龙立即将语音功能融入其内，微信终于得以存活，成为一个有一定影响力的产品。

存活并不意味着崛起，微信的前进道路依旧举步维艰，直到微信更新第三个版本，才使沉默已久的“猛兽”发出咆哮！此版本的最大改动就是增加查看附近的人这一功能。仅仅依靠认识的人相互交流，发展必然受到局限，倘若与周围的陌生人建立起社交关系，必定有广阔的前景。自此之后，微信便一发不可收拾，全面超越其他相似社交软件。2012 年 4 月，微信在中国香港、澳门、台湾均登上社交类软件下载榜首，2012 年 6 月，微信在越南、泰国、马来西亚、沙特阿拉伯、新加坡等国家登上 App Store 社交类软件榜首。这也标志着微信正式开始步入崛起的新轨道。

截止到 2018 年第 1 季度，微信覆盖全国 95% 以上的智能手机，微信用户量已达到 10. 4 亿，用户遍及 200 多个国家，超过 20 种语言。此外，各品牌的微信公众账号总数已经超过 2000 万，移动应用对接数量超过 10 万，广告收入增至 73. 9 亿元人民币，微信支付用户则达到了 6 亿左右。微信提供公众平台、朋友圈、消息推送等功能，用户可以通过多种方式添加好友和关注公众平台，同时微信还能将内容分享给好友以及将用户看到的精彩内容分享到朋友圈，在方便生活的同时增添了许多快乐。

微信官方发布 2019 年春节数据报告，除夕至初五期间，共有 8. 23 亿人次收发微信红包，同比增长 7. 12%，90 后成为主力军。此外，微信数据显示“候鸟型消费”成为主流。

春节期间，全国范围内共产生了12.4亿笔“候鸟型消费”，其中，由新一线城市向三线、四线城市迁移的微信支付消费笔数最多。事实证明，微信的利用率与日俱增，普及范围愈加广泛，涉及的人群更加广阔。可见，微信未来的发展前景更加光明。

思考题：

1. 微信的诞生需要哪些条件？

2. 为使微信迅速崛起，研究学者做了哪些尝试与创新？

3. 你认为未来微信的发展前景是怎样的？

总结分析

（1）永远为用户提供最佳的体验是微信成功的秘诀，作为营销者就更要注意这一点，要时刻谨记：只有抓牢用户的“手”，才能抓住用户的“心”。

（2）社会节奏的加快迫使人们无暇顾及复杂的事物，越简单就越能贴近人心，抓住人的心理进行理性营销才是成功之道。

专题二　掌握创新方法

实训一　奥斯本检核表法

【实训目的】

1. 使大学生在了解奥斯本检核表法的基础上，掌握这一创新方法。
2. 提高大学生运用创新方法解决实际问题的能力。

【实训流程】

流程 1　阅读奥斯本检核表法简述

亚历克斯·奥斯本是美国创新技法和创新过程之父。1941 年出版《思考的方法》，提出了世界第一个创新发明技法“智力激励法”；1941 年出版世界上第一部创新学专著《创造性想象》，提出了“奥斯本检核表法”。

奥斯本检核表法是指以该技法的发明者奥斯本命名，引导主体在创造过程中对照 9 个方面的问题进行思考，以便启迪思路、开拓思维想象的空间，促进人们产生新设想、新方案的方法。

奥斯本检核表法有利于提高发明创新的成功率。创新发明的最大敌人是思维的惰性。大部分人的思维总是自觉和不自觉沿着长期形成的思维模式来看待事物，对问题不敏感，即使看出了事物的缺陷和毛病也懒于进一步思考，不爱动脑筋，不进行积极的思考，因而难以有所创新。而奥斯本检核表法设计特点之一就是多向思维，用多条提示引导你去发散思考。

奥斯本检核表法中有 9 个问题，就好像有 9 个人从 9 个角度在帮助你思考。你可以把 9 个思考点都试一试，也可以从中挑选出一两条集中精力深思。检核表法使人们突破了不愿提问或是不善于提问的心理障碍，在进行逐项检核时，强迫人们扩展思维，突破旧的思维框架，开拓创新的思路，有利于提高创新的成功率。

流程 2　运用奥斯本检核表法对手电筒进行新设想

1. 介绍手电筒这一典型产品。

	手电筒
形状	
材质	
特性	
价格	
功能	
使用方法	
……	

2. 根据手电筒原有属性以及自身所需解决的问题，运用奥斯本检核表法中列出的 9 个问题，运用丰富的想象力，强制性地进行思考，推导出手电筒的其他用途。

序号	检核项目	引出的发明
1	能否他用	
2	能否借用	
3	能否改变	
4	能否扩大	
5	能否缩小	
6	能否替代	
7	能否调整	
8	能否颠倒	
9	能否组合	

流程 3　提出改进方案

通过对手电筒的用处进行大胆的想象和推导，结合实际需求，从这几个用途中筛选出 3 ~4 个最有价值或是最具有可行性的设想，提出更全面、具体的方案，使手电筒发挥出更大的价值。

最具有价值的用途：

1. ________________

2. ________________

3. ________________

具体的方案：

____

____

____

____

____

____

____

【实训思考】

1. 你认为在运用奥斯本检核表法时的注意事项有哪些？

____

____

____

2. 通过以上训练，你收获了什么？

____

____

____

实训二　和田十二法

【实训目的】

1. 让大学生对和田十二法有一个基本的认识。
2. 学会运用和田十二法来设计新产品，提高大学生的创新意识。

【实训流程】

流程 1　阅读和田十二法简述

我国研究者许立言和张福奎提出了以下“十二个聪明方法”，即和田十二法。这 12 个创造发明的小方法，通俗易懂，易于操作，可以用这些方法来启发创新思维。

（1）加一加。能在这件东西上添加些什么？

（2）减一减。可在这件东西上减掉些什么？

（3）扩一扩。把这件东西扩展会怎样？

（4）缩一缩。让这件东西缩小会怎样？

（5）变一变。改变一下形状、颜色、声音、气味会怎样？改变一下次序会怎样？

（6）改一改。这件东西存在什么缺点需要改进？

（7）联一联。某件东西或某件事情的结果，跟它的起因有什么联系，能从中找到解决问题的办法吗？

（8）学一学。模仿其他事物的结构会有什么结果？学习它的原理、技术又有什么结果？

（9）代一代。有什么东西能代替另一些东西？

（10）搬一搬。把这些东西搬到别的地方，能有其他用处吗？

（11）反一反。一件东西、事物的正反、上下、左右、前后、横竖、里外颠倒一下，会有什么结果？

（12）定一定。为解决某个问题或改进某个东西，需要规定些什么吗？

流程 2　运用和田十二法来推导铅笔的用处

	铅笔的用处
加一加	
减一减	
扩一扩	
缩一缩	
变一变	
改一改	
联一联	

续表

	铅笔的用处
学一学	
代一代	
搬一搬	
反一反	
定一定	

流程3　通过铅笔的用途推导出相似物品

通过和田十二法推导出具有类似用途的相关事物。

铅笔　　　　　　　　相关事物
↓　　　　　　　　　　↓

加一加的用途⟶ ________________

减一减的用途⟶ ________________

扩一扩的用途⟶ ________________

缩一缩的用途⟶ ________________

变一变的用途⟶ ________________

改一改的用途⟶ ________________

联一联的用途⟶ ________________

学一学的用途⟶ ________________

代一代的用途⟶ ________________

搬一搬的用途⟶ ________________

反一反的用途⟶ ________________

定一定的用途⟶ ________________

流程4　分析总结

通过运用和田十二法对铅笔的用途进行推导，以及从铅笔的用途来推导具有类似用途的相关事物，在此基础上进行总结，并思考以下问题。

1. 你认为在运用和田十二法对事物产生新设想时，最应注意的问题是什么？

____

____

2. 通过上述训练，你认为和田十二法中最值得借鉴的地方是什么？

____

____

____

【实训思考】

通过运用和田十二法对事物进行推导，得出全新的结论，你收获了什么？

____

____

____

实训三 特性分析法

【实训目的】

1. 通过学习特性分析法，使大学生对事物能有一个更为清晰的认识。
2. 通过具体实例，掌握特性分析法的具体步骤。
3. 提高大学生的分析及逻辑思维能力。

【实训流程】

流程 1 用特性分析法分析现有电风扇的性质

1. 分析现有电风扇的特性，可参考以下问题进行思考。

（1）基本组成：______________________________

（2）工作原理：______________________________

（3）性能：______________________________

（4）外观特点：______________________________

流程 2 对电风扇进行特性列举

1. 从名词特性角度分析电风扇。

整体：______________________________

____

部件：______________________________

____

材料：______________________________

____

制作方法：

2. 从形容词特性角度分析电风扇。

性能：

外观：

颜色：

3. 从动词特性角度分析电风扇。

功能：

流程 3 针对上述三大特性进行以下思考

1. 针对电风扇名词特性进行思考，并阐述理由。

（1）扇叶能否再增加一个？为什么？

（2）扇叶的材料是否可以改变？

（3）调节风速大小和转速高低的控制按钮能否改进？

2. 针对形容词特性进行思考，并阐述理由。

（1）网罩的外形是否多样化？克服清一色的圆形有无可能？能否运用椭圆形、方形、菱形、动物造型？

（2）电风扇的外表涂色能否多样化？

3. 针对动词特性进行思考，并阐述理由。

（1）电风扇能否具有驱赶蚊子的功能？

(2) 电风扇能否成为冷热两用扇？夏扇凉风，冬出热风？

____

____

流程 4　总结并制订具体方案

以电风扇为例，具体阐述特性分析法的基本步骤，以此来提高大学生的分析能力。请同学们在此基础上，找出电风扇所具有的 2～3 种价值，并提出具体的方案。

电风扇所具有的价值：______________________________________

____

具体的方案：____

____

____

____

【实训思考】

1. 通过此次实训，你对特性分析法有了哪些认识？

____

____

____

2. 通过这次训练，你收获了什么？

____

____

____

【案例思考】

破核桃机构思的产生

德国一家公司要设计一台破核桃机，要求破出的核桃仁是较完整的两半，为此召开智力激励会议进行讨论。

主持人：如何从核桃中获得较完整的两半核桃仁？要求速度又快、效果又好。

甲：平常在家里用牙磕、用手掰、用门掩、用榔头砸、用钳子夹。

乙：应该先把核桃按大小分类，再把各类桃核分别放在压力机上砸。

丙：可以把核桃蘸上某些物质或粉末，使它们变成同样大小的圆球，放在压力机上砸，可以不分类（发展了一种设想）。

主持人：大家再想一想，用什么样的力才能把核桃砸开？用什么办法才能得到这种力？

甲：需要加一个集中挤压力，用某些东西去冲击核桃，或者用核桃去冲击某些东西，就能产生这种力。

乙：可以用气动机枪射核桃，比如说可以用装泡沫塑料子弹的儿童气枪射。

丙：当核桃落地时，可以利用重力。

丁：核桃壳很硬。应该先用溶剂加工，使它们软化、溶解；或者用冷冻的方法使它们变得较脆。

戊：可以把桃核放在液体容器里，借助电、水力冲击它们。

主持人：如果我们用逆向思维来解决问题又会怎么样？

甲：要是核桃中有一个小东西随着核桃长大，当核桃成熟时把其撑开，则最理想了。

乙：不应该在外面，应该从里面把核桃破开，把核桃钻个小孔，往里面加压打气。

丙：可以把核桃放在空气室里。往空气室里加高压气，然后使空气室里压力锐减，因为核桃的内部压力不能立即降低，这时内部压力会使核桃破裂；或者交替使空气室里的压力剧增、剧减，使核桃壳处于变动负荷状态而破裂。

在这次会议中，只用 10 分钟就得到 40 多个设想。其中一个方案——“在空气室压力超过大气压并随之降到大气压力以下，使核桃壳破裂而核桃仁保持完好”获得发明专利。另一方案是将核桃用夹子固定，再用空心钻头从顶部钻孔，注入高压空气破开核桃壳，得到较完整的核桃仁，整个工艺过程可在传送带上进行，实现了破核桃自动化。

思考题：

1. 通过对破核桃机的构思，你受到了哪些启示？

____

____

2. 你认为创新在实际生活中发挥着怎样的作用？

____

____

3. 你对于破核桃机还能提出哪些新设想？请依次列举出来。

____

____

【案例分析】

案例一：学会跟富豪打交道——胡润的创业故事

胡润，企业家，1970 年出生于卢森堡。这个当年几乎是“单枪匹马”闯入中国财富人物世界的外国人，一直在用他的方式给中国富人们戴上不同的“光环”——慈善首富、地产首富等，不管这些富豪们是否情愿。胡润抓住了人们“喜欢听富豪故事”的心理，制造出了中国首个财富排行榜，开创出了一种新的商业模式，从而大胆打开了一扇窥视富人的新天地。随着富豪榜的成名，胡润也从一个当年居无定所的青年，摇身成为游走在中国富豪俱乐部的“财富专家”，在成就百富榜的同时，也成就了他自己。

一段年少的经历让胡润与中国产生了不解之缘。1988 年，18 岁的胡润将要从伊顿公学毕业，5 月的一天，他很偶然地发现学校的公告栏里张贴了一张告示，说是提供一个去日本留学一年的名额。对于一个年轻人而言，没有什么比到外面精彩的世界去逛逛更令人兴奋的了，何况还是免费的，于是他自告奋勇地报名了。万万没想到，全校仅有他一个人申请！要知道，对方学校开出的条件相当优厚——不仅提供一年的学费、生活费，还有来回的头等舱机票。不管怎样，两个月后，一句日文都听不懂的胡润独自背上行囊兴高采烈地到了日本。在当时亚洲经济中心的日本，胡润第一次感受到亚洲这片土地的神奇。然而有趣的是，就是这次在日本的旅行中，胡润开始喜欢上了汉字，并开始对中国产生兴趣。一年后，胡润结束了日本这趟旅行，回到了英国，就读于杜伦大学中文专业。

胡润在大学毕业后，第一份工作选择了进入安达信，初衷只是“希望有一份好的工作”。偶然的一次契机，胡润被安达信公司派到上海工作，来到中国，这份缘分似乎命中注定，殊不知，中国将成为他的“第二故乡”。外国人都喜欢听有钱人的故事，他们也有本国富豪排行榜的榜单，而当时中国还没有。突发的灵感让胡润兴奋不已，于是找来两名助手，利用业余时间开始了“中国内地富豪排行榜”的编排工作。然而，统计中国富豪们的财富谈何容易！况且，当时的中国根本没有快捷的互联网，也很难找到中国上市公司的信息。没有办法，胡润最后窝在上海图书馆，通过阅读党报、晚报及上市公司的公告报表，去挖掘有关中国有钱人的信息。经历了几个月的努力后，与《福布斯》杂志合作，于 1999 年下半年，终于排出了中国历史上第一份和国际接轨的财富排行榜。

在与《福布斯》杂志合作制作出四届排行榜后，胡润名气大涨，福布斯方面发觉，胡润是个精明桀骜的人，并对胡润开始单独出书赚钱产生了不满。2003 年 1 月，终因《胡润制造》一书的版权“翻脸”，彻底分道扬镳。而此时，胡润已经形成了自己的品牌，他的财富之门也早已打开。于是，他很快与“欧洲货币机构投资”亚洲区总裁史托尼合作，此次他不仅从史托尼那里借到了大量资金，更重要的是还获得了大量有价值的有关中国经济以及中国企业家的资讯，双方共同推出了《中国大陆百富榜》。但好景不长，因为胡润过多地进行自我宣传，没有把“欧洲货币机构投资”推向中国市场，再次与“欧洲货币机构投资”分手。而事实上，早在香港注册公司之后，胡润就力图在内地成立自己的公司，并着手准备来做“胡润制造”这个品牌了，之前他只不过是在等待良机。

胡润在制作第一张排行榜时，仅从福布斯获得了几千美元的稿费，然而今天，胡润有了一个上千人的团队，创立了属于自己的品牌，富豪榜每年都能为他带来数千万元的高额收入，并且在百富榜的基础上，胡润又推出了行业子榜、慈善榜、地区富豪榜、女性创业榜、全球百富榜。百富榜也从之前的一个，分化成了许多个。对于胡润的赢利模式，业内人士提道：“通过编制排行榜，胡润将各行业大小富豪一网打尽，然后通过慈善榜帮助富豪们树立形象，进而围绕他们的衣食住行，再给各大奢侈品牌进行排名。”这一模式就是支持胡润发展到今天的必要条件，也是保持胡润活力的根本所在。

1999年，作为新鲜事物的富豪榜刚一出炉，便带来了一连串令胡润始料不及的蝴蝶效应。一个又一个上榜富豪被捕入狱，一时间，“杀猪榜”成了富豪榜的代名词。对此，胡润却不以为然。他的理由是：“自富豪榜发布以来，在上千位富豪中仅有几十位富豪出现问题，从概率学上讲基本处于可控范围之内，大多数富豪还是没有问题的，‘杀猪榜’的称号不过是媒体炒作的结果罢了。”事实上，中国作为一个快速发展的经济体，富豪个人出现各种问题，这在其他国家也是常有的，公众应该对此持理性意见。

顶着“一上富豪榜就落马”的恶名，胡润索性自己盘点了一下“杀猪榜”落马富豪。据胡润研究院发布的《中国富豪特别报告》披露，问题富豪平均在40岁出问题，行贿是上榜富豪入狱的最主要原因，其次是资本市场相关问题、诈骗和挪用资金等。其中，地产、基础设施建设、家电和零售行业依次是问题富豪最多的行业。在制作榜单时，胡润否认自己对落马的富豪会有所预感，即便经验再多，今年也无法推测明年要发生的事情。

思考题：

1. 曾经居无定所的胡润为什么可以成功？

2. 胡润除了有一点运气成分之外，还做了哪些努力？

3. 为什么富豪排行榜一经问世就广受人们的欢迎？它的营销模式是怎样的？

总结分析：

（1）胡润的事迹证实了：创业需要有独特的方法，要标新立异，敢想他人所不敢想，敢做他人所不敢试。

（2）成功是成千上万的精英们共同追求的目标，但成功是个过程，过程中的哪一点上标志着真正的大功告成，这很难判定。胡润的故事就向我们诠释：只要不懈努力，做好自己，最终必然会收获满满，实现人生价值。

案例二：共享单车的生存之道

毋庸置疑，当今社会共享经济火热，譬如共享资源、共享网络、共享知识……共享时代的脚步渐渐来临。2016 年底，火爆一时的共享单车风靡大街小巷，让原本共享经济繁荣的大家庭又迎来了一个新的成员。

共享单车是指企业与政府合作，在公共服务区、地铁站点、公交站点、商业区、居民区、校园等提供单车共享服务，是共享经济的一种新形态。截止到目前，全国共享单车的应用软件超过几十个，除了较早入局的摩拜、ofo 外，还有小蓝单车、酷骑单车、智享单车等，单车的形态大小不一，色彩也是五花八门。那么，是什么原因让共享单车一夜间走入了人们的视线?

科技改变生活，这种大潮来势汹涌。共享单车在较短的时间内掀起一股媲美当年网约车的社会浪潮，足以证明它优势十分显著，具体表现为以下几个方面。

（1）方便、快捷。一方面，共享单车的操作方便是它最为直观的一大亮点，即相较于公共自行车，共享单车不用办卡，定位、借车、锁车、缴费等过程全部在手机上完成。当用户安装好单车 APP 软件后，用里面的“扫一扫”功能对准车架上的二维码，车锁便自动解开。骑行结束后，你可以在任何地方还车，这充分体现出共享单车方便的这一特性。另一方面，共享单车能让短途出行更加快捷。有些时候由于交通拥堵，汽车、三轮车甚至电动车都无法通行，但自行车以小巧灵活的优势却能行动自如，大大减少拥堵的概率，进而实现快捷这一特性。

（2）低碳环保，减少对空气的污染。共享单车在一定程度上减少了汽车的使用量，不仅打通了出行的“最后一公里”，也让我们的生活变得更加绿色环保。随着全球气候变暖和环境不断恶化，尤其是雾霾天持续出现，低碳环保显得越来越重要。在近几年政府工作报告中，中央政府强调要“加大生态环境保护治理力度，加快改善生态环境特别是空气质量”。共享单车在各大城市亮相后，很多曾经出门就开车的人也渐渐改变了他们的出行方式，路程较短或是交通拥堵时，他们更喜欢选择共享单车，按他们的话说是既方便快捷又绿色环保，不仅锻炼了身体，还为人类社会做出了巨大贡献，可谓是一举多得。

（3）缓解交通拥堵现象。在满足人们安全、快捷、舒适出行的同时，共享单车还为城市拥堵“疲惫”打了一针兴奋剂。现如今，交通拥堵已经成为司空见惯的现象，尤其是一些城市中心路段、较繁华路段，大部分时间都处在“东西不畅、南北拥挤”的状态。共享单车的出现降低了汽车的使用率，减少了机动车上路的数量，从一定程度上缓解了城市特别是大城市的交通拥堵。

（2）租用单车的价格低廉。当前，市场上的共享单车一般有两种收费标准：一种是每小时出租费 1 元，另一种是每小时 0.5 元。但不管哪一种收费标准，对于大众来说都是能够接受的。对于那些偶尔有骑车需求的人来说，如果花数百元购买一辆自行车，很可能是骑几次后便束之高阁，既浪费了金钱又浪费了资源。而选择共享单车，需要的时候只需支付 1 元便能够骑行，大大节省了买车的成本。以短途出行为例，如果打车，无论是出租车、网约车还是摩的，多则十几元，少则几元，而共享单车只要在一个小时之内骑行，收费仅 1 元，如果遇到活动期还能免费。对于那些到城市短期游玩的人来说，骑共享单车真的是最佳的选择。

（5）单车带活实体经济。在政府工作报告“工作总体部署”中，国务院总理李克强明确指出“大力改造提升传统产业”，要求“深入实施《中国制造 2025》，加快大数据、云计算、物联网应用，以新技术、新业态、新模式，推动传统产业生产、管理和营销模式变革”。近几年，国家和各级政府对传统产业和制造业高度重视，出台了很多扶持传统产业和制造业的政策和法规。共享单车的火爆使自行车制造行业刮起了一阵“狂风”，疲软的自行车市场被共享单车这把火瞬间点燃，譬如飞鸽等一批“老字号”自行车制造企业也因此迎来了难得的市场“春天”。

（6）能够提高用户感受。现代人的生活质量越来越高，但幸福指数却越来越低。不管你是住洋房还是开豪车，根本无暇顾及窗外和车外的风景。于是，很多人怀念起早些年的古老生活方式。骑着自行车，呼吸着新鲜空气，流连着道路两旁的风景，仿佛又回到了那个纯真幸福的年代，这种感受正越来越多地被共享单车激起。

思考题：

1. 共享单车出现如此繁荣景象的因素有哪些？
2. 共享单车秩序混乱的现象不堪重负，人们需要做出哪些转变？
3. 现如今共享单车持续走下坡路，你认为它未来的发展趋势是怎样的？

总结分析：

（1）共享是为了发展，是为了服务于广大人民群众，需要人做支撑，需要人去维持，只有实现全人类“共享”思想，才能使创造提升至最大效果。

（2）我们要看清事物的本质，认识到事物的发展规律，总结出一条适合自我发展的道路，不断完善，不断革新，力争使产物运用到实际。

专题三　培养创新思维

实训一　联想思维

【实训目的】

1. 使大学生对联想思维有一个基本的认识。

2. 锻炼大学生的联想思维，提高大学生的创新能力。

【实训流程】

流程1　四步概念联想

以“天空、木材、皮球、高山、茶、足球、粉笔、原子弹、讲台、黑板、烟囱、聂卫平”这12个元素为联想对象，通过四步概念联想来培养大学生的思维能力，使大学生对联想思维有一个清楚的认识。可以参考示例中的内容来思考并填空。

示例：

房子→（房间），（房间）→（桌子），（桌子）→（茶杯），（茶杯）→（茶）

月亮→（嫦娥），（嫦娥）→（兔子），（兔子）→（草原），（草原）→（花）

1. 天空→茶

（　　）→（　　），（　　）→（　　），（　　）→（　　），（　　）→（　　）

2. 木材→皮球

（　　）→（　　），（　　）→（　　），（　　）→（　　），（　　）→（　　）

3. 高山→烟囱

（　　）→（　　），（　　）→（　　），（　　）→（　　），（　　）→（　　）

4. 足球→讲台

（　　）→（　　），（　　）→（　　），（　　）→（　　），（　　）→（　　）

5. 粉笔→原子弹

（　　）→（　　），（　　）→（　　），（　　）→（　　），（　　）→（　　）

6. 黑板→聂卫平

（　　）→（　　），（　　）→（　　），（　　）→（　　），（　　）→（　　）

流程 2　强制联想

在四步概念联想的基础上，把“天空、木材、皮球、高山、茶、足球、粉笔、原子弹、讲台、黑板、烟囱、聂卫平”这 12 个概念分为 6 组，从每组内的两个概念中找到其自身特性，然后把这两个概念联系起来，看能不能产生更好的创意。

1.

天空的特性：__________

茶的特性：__________

天空→茶：__________

2.

木材的特性：__________

皮球的特性：__________

木材→皮球：__________

3.

高山的特性：__________

烟囱的特性：__________

高山→烟囱：__________

4.

足球的特性：__________

讲台的特性：__________

足球→讲台：__________

5.

粉笔的特性：__________

原子弹的特性：__________

粉笔→原子弹：__________

6.

黑板的特性：__________

聂卫平从事工作的相关特性：__________

黑板→聂卫平：__________

流程 3　总结并提出全新的设想

1. 通过对特性联想的了解，你认为其最关键的一点是什么？

____

____

____

2. 通过对上述 12 个概念进行联想，你能否从生活中找到两个不相关事物进行类似的联想呢？试举例证明。

【实训思考】

1. 你认为联想思维的作用主要体现在哪里？

2. 你觉得自己在联想思维方面有没有需要加强的地方？又该如何去加强呢？

实训二　组合思维

【实训目的】

1. 使同学们对组合思维有一定的了解。
2. 掌握组合思维的基本步骤。
3. 提高大学生思维创造及组合能力。

【实训流程】

流程 1　主体附加法组合

通过主体附加法，以“电视机、手表、扇子、玻璃”4 个概念为主要对象，通过置换或加入新的元素创造出新的产品或是新设想。

	电视机	手表	扇子	玻璃
列举其所具有的优点				
列举其所具有的缺点				
能够改进的地方				
确定插入的技术 或是新的设想				
备注				

流程 2　重组组合

在上述对“电视机、手表、扇子、玻璃”4 个概念进行同类组合的基础上，保留这 4 个主体的基本性质不变，加上一个附加物，进行重组组合，以此提出新的改进名称。

主体	附加物	改进后的名称
灯	数字声控	数字声控灯
电视机		
手表		
扇子		
玻璃		
备注		

流程 3　分析总结

以“电视机、手表、玻璃、扇子”为例，通过组合思维的形式，提出全新的设想，以此来促进原本事物或技术的发展。

1. 通过上述训练，你是如何看待组合思维的？

2. 通过组合思维的训练，你认为其重要性体现在哪里？

3. 通过训练，你受到了哪些启示？

【实训思考】

通过对组合思维的训练，你认为自己在哪些方面还有待加强？

实训三　逆向思维

【实训目的】

1. 让学生学会从对立面的角度去思考问题，避免思想狭隘。
2. 掌握逆向思维的基本步骤和方法。

【实训流程】

流程 1　根据事物的已知特性思考其对立性质

事物	已知性质	对立性质
吹风机		
手电筒		
降雨		
录音机		
制冷空调		
潜水艇		
手机		
干燥器		

流程 2　根据其对立性质思考相关事物

1. 具有吹风机对立性质的相关事物：____

____

2. 具有手电筒对立性质的相关事物：____

____

3. 具有降雨对立性质的相关事物：____

____

4. 具有录音机对立性质的相关事物：____

____

5. 具有制冷空调对立性质的相关事物：______________________________________

____

6. 具有潜水艇对立性质的相关事物：____

____

7. 具有手机对立性质的相关事物：____

____

8. 具有干燥器对立性质的相关事物：____________________

流程 3　总结并联系生活实际

1. 通过训练，你认为在生活中还有哪些地方可以运用到逆向思维？试举例说明。

2. 通过训练，你获得了哪些启示？请撰写一篇不少于 200 字的心得体会，并与同学们分享。

【实训思考】

你认为逆向思维对于个人发展有影响吗？为什么？

【案例思考】

太阳锅巴的诞生

西安宝石轴承厂厂长李照森及其夫人发明的锅巴片，获得了国家专利，其生产技术也在 10 多个国家和地区获得专利权。太阳牌系列食品已成为风靡全国、跻身国际市场的品牌产品。仅 1990 年，西安太阳食品集团的食品销售量高达 25 000 吨，销售收入达 15 亿元。

一次偶然的机会，李照森陪客人到西安饭庄进餐，发现人们对一道以锅巴为原料的菜肴极感兴趣，于是引发了以下联想："锅巴能做菜肴，为什么不能成为一种小食品呢?""美国的土豆能风靡全球，作为烹饪大国的中国，为什么不能创出锅巴小吃打出国门呢?"接着就是试制、成功、投产、走俏。之后思维联想进一步展开：既然搞成了大米锅巴，当然还可以用其他原料做各种风味的锅巴。一时间，小米锅巴、五香锅巴、牛肉锅巴、麻辣锅巴、孜然锅巴、海味锅巴、黑米锅巴、果味锅巴、西式锅巴、乳酸锅巴、咖喱锅巴、玉米锅巴纷纷上市。

既然锅巴能够如此畅销，那么类似锅巴特征的小食品也相继开发问世，如虾条、奶宝、麦圈、菠萝豆、营养箕子豆等等。这些风味多样的新产品使小食品市场五彩缤纷，也使西安太阳食品集团的业务进一步拓展。李照森从以锅巴为原料的菜肴和风靡全球的美国薯片，联想到用锅巴做成品种丰富的小食品，产品不但畅销全国，还打入国际市场，成了真正的中国品牌。

思考题：

1. 你认为太阳锅巴如此受欢迎的主要因素是什么？

____

____

____

2. 李照森运用了哪一思维使太阳锅巴得以诞生？从文中哪一句可以看出？

____

____

____

3. 你如何看待联想思维的？请通过列举生活中的实例来说明。

____

____

____

____

【案例分析】

案例一：全球品牌100强——华为手机的成功之道

华为手机，作为全球品牌100强，销量从2010年的300万台到2018年的2亿台，几年的光景，华为手机完成了华丽的变身。自2018年第二季度起，华为手机超越了苹果，成为全球第二大智能手机供应商。获此殊荣，华为手机实属不易。与此同时，根据市场研究公司IDC的统计数据显示，2018年第三季度，全球智能手机出货量均呈下降趋势，华为却逆势而上，增长32.9%，全球市场份额达到14.6%。是什么原因导致华为手机呈现逆势增长？是什么力量支撑着华为手机勇往直前？华为内部组织的创新又是如何为华为手机“保驾护航”的？这些都值得我们深思与探索。

首先，华为在战略上选择了一条最难走的路。对于企业而言，战略方向是否正确关乎企业的生死。起初，华为手机一直专注运营商定制机，即所谓的“白牌机”，消费者在使用时并不知道华为品牌，尴尬的境遇让企业选择开始做精品，并向中高端手机市场迈进。当时，华为面临诸多挑战和转型，于是华为制定了一套发展战略，即精品、品牌、渠道零售。随着不断的努力，华为 Ascend P6 的面世确定了华为手机的地位，它成了华为手机第一款销量过600万的旗舰产品。此后，华为手机研发团队越来越了解消费者需求，不断进行完善与改革，为 Mate 系列的诞生做好铺垫。

伴随着产品实力的快速突进，其对品牌的反哺效应也就愈加明显，作为一家已经凭借B2B业务站稳脚跟的国际品牌，随即在B2C业务产品力上的持续发力，才让品牌的逆势爆发成为可能。2014年8月，华为成为中国第一个上榜 Interbrand “最佳全球品牌排行榜”的品牌，并取得第94位的好成绩，可见，B2C业务对于华为品牌整体知名度、美誉度的提升作用不言而喻。

其次，华为在创新上始终以消费者为中心。华为的创新从现实主义、生存哲学再到仰望星空，背后一以贯之的是从客户的显性需求和隐性需求展开。自2017年开始，华为公司规定每年研发经费的20%～30%要投入基础研究，那么这些钱究竟花在了哪儿？针对这个问题，李昌竹会提及华为手机与徕卡合作的案例。

作为一个资深摄影发烧友，李昌竹在交流活动中说道：“在这个开餐前都是手机 first bite（吃第一口）的时代，华为手机已经意识到，消费者需要一款把摄影功能做到极致的手机。”为了实现这一功能，华为找到了影像产业中最顶尖的公司——徕卡。合作刚开始就变得困难重重，毕竟将数码相机的光学要求应用到手机上有些过于牵强，不仅增加了成本，而且要考虑到良率、量产等问题。随后，合作双方一起拜访生产厂家，一起讨论改进方案，充分发挥他们在光学系统设计和生产上的经验，指导如何调整镜片形状和间隔，如何考虑周边系统对光学部分的影响。夜以继日的努力，最终让镜头良率达到了量产的标准，促成了华为手机徕卡镜头的华丽诞生。

2016年，华为手机和徕卡联合设计的首款产品——华为 P9 正式发布，徕卡双摄一举成为华为手机全新的品牌和技术标签，也成为“华为手机拍照好”这一最具普遍性用户口碑的原点。事实表明，这种以消费者为中心的创新路线选择，不仅大幅提升了华为手机产品的显性竞争力，更直接地影响了消费者的内在选择。

最后，华为在持续变革中远离熵增。当创新能力积累到一定程度后，背后的创新制度就成为掌握这艘创新游轮行驶方向的舵手。从早期的“跟随者”到现在的“无人区”，华为的创新正在经历着一连串的进化，其中组织管理至为关键。组织管理的中心就是“逆本能”，即通过一系列的措施，让组织远离舒适区，远离熵增，这正是华为 30 多年独特的创新之路。

现如今，华为的发展方向主要是聚焦简化管理，彻底改变原有的官僚型管理金字塔结构，并让专家板块成为更开放、更受尊重的体系，从而收获了巨大的收益。2019 年，华为扬帆起航，在竞争中创造机遇，在巨量市场空间中绽放身姿，伴随智慧时代的来临，为给消费者呈现出一场全新的掌上体验而不懈努力。

思考题：

1. 究竟是什么原因让华为手机一举成名?
2. 为实现华丽变身，华为做出了哪些努力?
3. 华为需要如何努力才能在手机产业中立于不败之地?

总结分析：

（1）华为能够审时度势，在恰当的时间找到适合自己的发展模式，并在此基础上不断融入用户需求，打造全新的掌上体验，这些都是华为进入全球品牌 100 强的重要条件。

（2）未来的社会不仅仅要抓住用户的心理，而且需要有更前卫的思想和更大的想象力，华为做到了这点，也在向更深层次迈进，这正是华为强盛不衰的重要原因。

案例二：自由地驰骋在天空上——莱特兄弟与飞机的故事

圣诞节的一天，爸爸从外地赶回来，给小莱特兄弟带回一份圣诞礼物。兄弟俩迫不及待地把礼盒打开，看到一个怪怪的玩具，他们拿在手上摆弄着，不知道怎么玩。这时爸爸过来给他们做展示，他把上面的橡皮筋扭紧，一松手，只见前面像风车一样的东西转了起来，紧接着那个玩具就飞到了空中。“实在是太有趣了，它能像鸟儿一样在空中飞翔！如果人也能飞上天就好了。”自那时候起，莱特兄弟就对飞行产生了浓厚的兴趣，这段宝贵的记忆在他们幼小的心灵里生根发芽，不知不觉就萌生了制作一种能飞上高高蓝天的东西的想法。

1896 年，莱特兄弟在报纸上看到一条消息：德国的李林塔尔因驾驶滑翔机失事身亡。这个消息对他们影响很大，更坚定了兄弟俩研究空中飞行的决心。这时候，莱特兄弟经营着一家自行车商店，他们一边干活挣钱，一边研究飞行的资料。三年后，他们掌握了大量有关航空方面的知识，并决定仿制一架滑翔机。他们首先临摹动物的飞行动作，之后才着手设计滑翔机。1900 年 10 月，第一架滑翔机正式组建完成，虽然起飞高度仅有 1 米，但这标志着飞机雏形的诞生。此后，经过兄弟俩的多次改进，飞行高度和性能也有了显著的提升。

兄弟俩并不满足于现状，他们向着更高的层级迈进——能否制造出一种不用风力也能飞行的机器？一次偶然的机会，他们遇到了一个前来修汽车发动机的司机，于是灵机一动，能不能用汽车的发动机充当“助力器”来推动飞行？自那开始，兄弟俩围绕发动机动起了脑筋。他们首先测出滑翔机的最大运载能力是 90 公斤，于是他们向工厂订制了一个不超过 90 公斤的发动机。但当时最轻的发动机是 90 公斤，工厂无法制造出这么轻的发动机。后来，一名制造发动机的工程师知道了这件事情，答应帮助莱特兄弟。过了一段时间，这位工程师果然造出一部 12 马力，重量只有 70 公斤的汽油发动机。兄弟俩非常高兴，很快便着手研究怎样利用发动机来推动滑翔机飞行。经过无数次的试验，但最终均以失败告终。失败过后他们并没有气馁，而是从中总结经验教训。

之后，莱特兄弟对飞机的每一个部门做了严格的检查，制定了严格的操作规定，并于 1903 年 12 月 14 日来到吉蒂被克进行试飞试验。这天下午，兄弟俩先在地面上安置两根固定在木头上的铁轨，并有一定的斜度，好让飞机方便地滑行。紧接着，他们把制造完成的飞机放在铁轨上面，最后开启发动机。随着发动机传出轰鸣的声音，螺旋桨也慢慢地转了起来，飞机在斜坡上刚滑行 3 米，就挣脱了结在后面的铁丝，呼喃着升到空中。虽然这次飞机真的起来了，但不久便掉落在地上，整个持续时间不到 4 分钟。

掉落的飞机并未受损，兄弟俩开始逐一排查失败的原因。发动机、螺旋桨转动、技术操作都没有问题，唯一的问题就是滑行距离的因素——螺旋桨还没达到最高速，飞机就飞起来，所以一会儿就栽了下来。于是兄弟俩把铁轨装在平整的地方再试验一下，这次他们选择安置在一个平坦的地面上。一会儿，发动机开始轰鸣，螺旋桨也开始转动。突然，飞机滑动起来，一下子升到 3 米多高，随即水平地向前飞去。“飞起来啦！飞起来啦！”这次真的飞起来了，好多围观的群众高兴地呼喊起来，并且随着飞机在后面追赶着。飞机飞行了 30 米后，稳稳地着陆了。兄弟俩热泪盈眶，不禁喊出：“我们终于成功了！”45 分钟后，兄弟俩又飞了一次，飞行距离达到 52 米。过了一段时间，又飞行了一次，这次飞行了 59 秒，距离达到 255 米。

不久，兄弟俩又制造出能乘坐两个人的飞机，并且在空中飞了一个多小时。消息传开后，人们奔走相告，美国政府也非常重视，决定让莱特做一次试飞表演，表演结果十分圆满。在那之后，莱特兄弟在政府的支持下，创办了一家飞行公司，同时开办了飞行学校。渐渐地，飞机成了人们又一项先进的运输工具。

思考题：

1. 莱特兄弟在什么情况下产生了制作飞机的想法？

2. 一直支撑莱特兄弟研发飞机的动力是什么？

3. 通过阅读莱特兄弟的故事，你从中得到了怎样的体会？

总结分析：

（1）失败乃成功之母。人是在不断战胜困难后才愈发走向成熟的，就像莱特兄弟一样，当飞机在天空翱翔的那一刻才真正体会到成功的喜悦，不经历风雨怎能见彩虹？

（2）人如果能够实现自己的梦想，那便是生活给予他的一次恩惠，这是一种奢侈的感受，能够激发人不断向前，找到人生真谛。

案例三：从奥运冠军到商业巨人

“体操王子”李宁共获得过14个世界冠军。他的两个独创动作被国际体联命名为“吊环李宁摆上”和“双杠李宁大回环”。1988年汉城奥运会后退役，进入商界，以其姓名命名的李宁公司目前在世界体育品牌中排名第四。

1963年，李宁出生在广西柳州一个教师家庭，他7岁开始练习体操，17岁进入国家体操队。1981年，18岁的李宁获得了世界大学生运动会男子自由体操、鞍马、吊环三项冠军，自此，他开始创造一个前无古人、后无来者的全盛李宁体操时代。

1982年第六届世界杯体操赛上，李宁一人独得男子全部7枚金牌中的6枚，创造了世界体操史上的神话，19岁的李宁被世人誉为“体操王子”；1984年，在23届洛杉矶奥运会中，李宁共获3金2银1铜，接近中国代表团奖牌总数的1/5，他也成为该届奥运会中获奖牌最多的运动员。1986年，他获第七届世界杯体操赛男子个人全能、自由体操、鞍马三项冠军。

从1970年进入体校开始学习体操到1988年退役，在李宁18年的运动生涯中。他共获得国内外重大体操比赛金牌106枚，其中全国冠军92次，世界冠军14次，国际体操联合会以他的动作先后命名双杠李宁、鞍马李宁、李宁1、李宁2。1999年，李宁被评选为20世纪世界最佳运动员，他的名字和拳王阿里、球王贝利、飞人乔丹等25位体坛巨星一道登上了世纪体育之巅。

但是，在1988年，李宁的体操之路彻底被改写。那一年的汉城奥运会，李宁在最后一次比赛中意外失利，从吊环上摔了下来。尽管当时他像往常一样带着笑容走下赛场，但回到首都机场，失掉金牌的李宁禁不住黯然神伤，孤独地走过一条偏僻通道。失利一下子将他打入低谷，社会舆论的责难声也随之而来，在沉重的压力下，他选择了退役。

正当李宁无所适从的时候，李经纬出现了，他建议李宁应该把目光放的更长远一些，希望他能够依靠经济的后盾发展体育事业，李宁欣然同意。1989年4月21日，广东健力宝集团有限公司举行隆重的聘任仪式，李经纬将一本广东健力宝集团有限公司总经理特别助理的大红聘书郑重地递到李宁手里。满怀激动的李宁投身于健力宝事业，目的不仅是为了益国益民，而且还想把中国体育实业推上一个更高的层次。

刚刚进入健力宝的李宁主要分管公关宣传、市场策划、筹办运动服装厂等工作。凭借一种天生的直觉，以及多次出国比赛所培养出来的眼界，李宁提议重新一条有冲击力、富于体育动感的健力宝广告片，而且由他亲自出演。这个建议让健力宝的年销售量增加了

3000 万元。

加盟健力宝几个月之后，李经纬就鼓励他将服装厂的计划上马。但资金从哪里来呢？虽然当时健力宝声名显赫，但健力宝广告费完全靠借钱来支撑。于是，李宁和李经纬决定找一些国外厂商，搞成中外合资，而且外商能帮助打开海外市场。

经过紧张的施工，不到 8 个月。一幢 5000 平方米的厂房就在三水市竣工了，屋顶上一块巨大广告牌非常醒目：李宁牌。光有牌子肯定远远不够。如何让大家了解并接受这个牌子呢？毕竟有过 17 年的运动员生涯，李宁马上想到了即将在北京举行的第十一届亚运会，想到了备受瞩目的亚运会火炬接力。

1990 年 8 月，在世界屋脊青藏高原，李宁作为运动员代表，身穿雪白的李宁牌运动服，庄严地从藏族姑娘达娃央宗手里接过了亚运圣火火种。整个亚运圣火的传递过程，有 2 亿人直接参与，25 亿中外观众从新闻媒体知道了健力宝和李宁牌。从这一刻开始，李宁牌真正横空出世了。

本着“源于体育，用于体育”的精神，李宁一直积极地支持着国内外的体育事业。在北京申奥的过程中，李宁公司就是一个热心的赞助商，申奥成功之后，李宁公司仍一如既往地去推动着中国体育事业的发展。此外，李宁本人也非常热心于公益事业，李宁亲自担任了“中华骨髓库”大使；担任“中华健康快车”慈善基金会理事与大使，帮助贫困落后地区的白内障患者恢复视力；亲自参与“护鲨行动”，号召全社会保护野生动物；创立了“中国运动员教育基金会”，致力于运动员的职业技能培训及建设中国运动员希望小学；创立“广西李宁基金会”及“振梅基金会”，致力于广西地区的教育、体育、救灾等公益事业。据《胡润慈善榜》不完全统计，在 2008 年、2009 年两年，李宁对公益慈善事业的投入分别达到 1.01 亿元及 1.1 亿元。

思考题：

1. 李宁从运动员转变成商业巨人的动机是什么？

2. 李宁的商业运营策略是什么？起到了哪些效果？

3. 通过阅读本文和你对李宁的了解，你认为什么是李宁精神？

总结分析：

（1）李宁抱着归零心态，将成绩抛在脑后，去一步步超越过去，做最完美的自己，才有了今天的成绩，这正是我们应该学习的心态。

（2）在“一切皆有可能”的今天，并非平平凡凡就能创造可能，而是那些相信“一切皆有可能”并且肯付出汗水去追逐梦想的人才有可能获得成功。

专题四　提高创新能力

实训一　提高创新能力的个性测试

【实训目的】

1. 使大学生对自我的创新能力有一个基本的了解。
2. 通过测试，让大学生意识到个性对于提高创新能力的重要性。

【实训流程】

流程 1　创新能力的个性测试

创新能力与人的个性心理特征有着很大的关系，创新能力强的人总有特殊的表现行为。下面的 20 道创新个性自测题是根据著名心理学家托拉斯的研究成果编成的。

1. 在做事、观察事物和听人说话时，你能否专心一致？
2. 你说话、作文时，是否经常运用类比的方法？
3. 你能否全神贯注地读书、书写或绘画？
4. 完成了老师布置的作业后，你是否总有一种兴奋感？
5. 你是否迷信权威？
6. 你是否喜欢寻找事情发生的各种原因？
7. 你在观察事物时，是否很精细？
8. 你是否常从别人的谈话中发现问题？
9. 在进行有创造性的工作时，你是否经常忘记时间？
10. 你是否总能主动地发现一些问题，并能发现和问题有关的各种关系？
11. 你平时是否经常学习或是琢磨问题？
12. 你是否总对周围的事物保持着好奇心？
13. 对某些问题有新发现时，你是否总能感到异常兴奋？
14. 通常你是否能预测结果，并能正确地验证这一结果？
15. 平常遇到困难和挫折，你是否气馁？
16. 你是否经常思考事物的新答案和新结果？

17. 你是否经常有很敏锐的观察力和提出问题的能力？

18. 在解题和研究课题时，你是否采用自己独特的方法？

19. 遇到问题，你能否从多方面来探索解决它的可能性，而不是固定在一种思路上或局限在某一方面？

20. 你是否总有一些新的设想在脑子里涌现，即便在游玩中？

流程 2　诊断结果

通过参考下表中的数值，来诊断自己的个性特征是否有助于提高创新能力。

范围	结果
与你实际情况完全相符的超过 13 道	说明你的个性十分有利于创新
与你实际情况完全相符的有 6 ~ 13 道	说明你的创新个性一般
与你实际情况完全相符的少于 6 道	说明你的创新个性有待培养

流程 3　分析并总结

1. 通过这一测试，除了个性心理特征，你认为影响创新能力提高的因素还有哪些？

____

____

____

____

2. 通过此测试，你认为自己在创新能力方面有没有提高的必要？又该如何去提高呢？

____

____

____

____

【实训思考】

通过此测试，你获得了哪些启示？

____

____

____

____

____

实训二 提高制订方案的能力

【实训目的】

1. 让大学生对方案制订有一个清楚的认识。
2. 掌握制订方案的基本步骤。
3. 提高大学生制订方案的能力。

【实训流程】

流程 1 明确方案制订的前提

制订方案的主要目的是把一个创新的想法变成一个具体的可实施方案，但在方案制订前，需要明确其制订前提，可参考以下问题进行思考。

1. 你的创新目标是什么？

____

____

____

____

____

2. 你的创新目标实现可能存在的问题有哪些？

____

____

____

____

____

3. 你的创新目标确立的有利因素是什么？

____

____

____

____

____

流程 2 制订方案

在明确自已所确立的创新目标相关问题的基础上，需要制订出详细的、具体的实施方案，使目标得以真正实现。

<table>
<tr><td>方案的名称：

主要内容：

采用的主要方法和途径：

方案所要解决的问题：

所要运用的创新方法（在你所选择的方法后画“√”）：
类比□　　　想象□　　　灵感□
方案的具体实施步骤：

</td></tr>
</table>

流程 3　分析并总结

1. 通过制订方案，你认为其中最重要的一点是什么？

____

____

____

2. 你认为在制订方案的过程中应注意哪些问题？

____

____

____

【实训思考】

1. 在日常生活中，该如何去提高自身制订方案的能力？

____

____

2. 你认为制订方案的能力对于自身创新能力培养帮助大吗？为什么？

____

____

____

实训三　提高解决问题的能力

【实训目的】

1. 使大学生对自我解决问题的能力有一个基本的了解。

2. 使大学生认识到解决问题的能力对个人发展的重要性。

【实训流程】

流程 1　解决问题的能力测试

请认真思考下面的 10 道单项选择题，在每个题目的备选答案中选择一个符合你情况的答案。

1. 你书房的书被水管漏水浸坏了，这时你会(　　)。

A. 非常不快，不停地抱怨

B. 想借此不交物管费，并写了批评信

C. 自己擦洗、清理、烤晒图书，并修理水管

2. 在节假日里，你和恋人总会为去看望谁的父母发生争执，这时你会(　　)。

A. 认为最好的办法就是谁的父母都不去看望，以减少麻烦

B. 订个计划，这次看望恋人的父母，下次看望你的父母，轮流看望

C. 决定在重要的节假日里，和你的家人团聚，而在其他节假日里与恋人的家人共度

3. 某个朋友要结婚了，你如果去参加婚礼，当然得送红包，这时你会(　　)。

A. 事先对对方说你有事不能参加，事实上你并没有什么事情，你只是为了不送红包

B. 对那些你认为重要的朋友，比如可以给你带来生意上的帮助的人，你才愿意参加其婚礼并送红包

C. 不送红包，但经常收集一些小的或比较奇特的礼物来应付朋友结婚这类事情

4. 当你感觉身体不舒服时，你会(　　)。

A. 拖延着不去就诊，认为慢慢会好的

B. 自己诊断一下，去药房买药

C. 把这种情况及时告诉家人，然后去医院检查

5. 生活中的各种压力使你和家人变得容易发怒，这时你会(　　)。

A. 向朋友倾诉

B. 设法避免和家人争吵

C. 和家人一起讨论，研究解决的办法

6. 你的亲友在事故中受了重伤，当你得知消息时，你会(　　)。

A. 失声痛哭，不知该如何是好

B. 叫来医生，要求服镇静剂来度过之后的几小时

C. 抑制自己的感情，因为你还要告诉其他亲友

7. 你的能力得到承认，并得到了承担一份重要工作的机会，你会(　　)。

A. 放弃这个机会，因为这项工作的要求太高

B. 怀疑自己能否承担起这项工作

C. 仔细分析这项工作的要求，做好准备设法把它做好

8. 一位好朋友将要结婚了，在你看来，他们的结合不会幸福，那么此时你会(　　)。

A. 认真地规劝那位朋友，请他慎重考虑

B. 努力说服你自己，让自己相信时间还允许朋友改变计划

C. 不着急，因为你相信一切都会好起来

9. 当你和别人发生纠纷，不得不去法庭诉讼时，你会(　　)。

A. 因为焦虑和不安而失眠

B. 不去想这件事，出庭时再设法应付

C. 把这件事看得很平常

10. 当你和邻居发生争执，却没有争出结果时，你会(　　)。

A. 借酒浇愁，想把这件不快的事忘掉

B. 请教律师如何与邻居打官司

C. 外出散步或消遣，以平息心中的愤怒

流程 2　诊断测试结果

以上题目计分方法是：选择 A 计 1 分，B 计 2 分，C 计 3 分。参考以下数值范围，看看自己处理问题的能力强弱，以便对自我未来发展有一个清楚的认识。

分值范围	诊断结果	备注
0 ~ 15 分	你解决问题的能力较差，需要加强自身处理和解决问题的能力。	

续表

分值范围	诊断结果	备注
15 ~ 30 分	你解决问题的能力一般，仍需不断在生活中磨炼自己，提高自身能力。	
30 ~ 45 分	你处理和解决问题的能力处于中等水平，说明你有处理问题的基本能力，但仍需继续加强自身的能力。	
45 分以上	你处理和解决问题的能力很强，是一个具有一定解决问题能力的人。	

流程 3　自我反思及总结

通过此次测试，你对自己解决问题能力也有了一定的了解，那么请具体谈谈自己的看法，写一篇不少于 300 字的思考总结。

【实训思考】

1. 你是如何看待解决问题的能力的？

2. 在生活中，我们可能会遇到各种突发事件。在面对这些困难和阻碍时，你是否具备处理及解决问题的能力呢？试举例说明。

【案例思考】

伽利略和钟摆问题的发现

伽利略是一位虔诚的天主教徒，每周都坚持到教堂做礼拜。某一天，伽利略到教堂做礼拜，礼拜开始不久，一位修理工人不经意触动了教堂中的大吊灯，使它来回摆动。摆动着的大吊灯映入了伽利略的眼帘，引起了他的注意。伽利略聚精会神地观察着，脑海里突然闪出测量吊灯摆动时间的念头。凭着学医的经验，伽利略把右手指按到左腕的脉搏上计时，同时数着吊灯的摆动次数。起初，吊灯在一个大圆弧上摆动，摆动速度较大，伽利略测算来回摆动一次的时间。过了一阵子，吊灯摆动的幅度变小了，摆动速度也变慢了，此时，他又测量了来回摆动一次的时间。让他大为吃惊的是，两次测量的时间是相同的。于是伽利略继续测量来回摆动一次的时间，直到吊灯几乎停止摆动时才结束。可是每次测量的结果都表明，来回摆动一次需要相同的时间。这些测量使伽利略发现：吊灯来回摆动一次需要的时间与摆动幅度的大小无关，无论摆幅大小如何，来回摆动一次所需时间是相同的。即吊灯的摆动具有等时性，这就是伽利略最初的发现。

伽利略带着初次发现的喜悦回到自己的房间，但是他并没有就此罢休。伽利略是一位十分认真又喜欢研究问题的人，根本不会满足一次实验得到的结果。对于自然现象，他总是反复进行实验研究，通过严密推理探索客观规律，对单摆规律的研究也是如此。

伽利略回到房间后，到处寻找实验所需要的东西。他找来丝线、细绳、大小不同的木球、铁球、石块、铜球等实验用品，在他的桌子上堆满了这些“乱七八糟”的东西。

伽利略在细绳的一端系上小球，将另一端系在天花板上，这样就做成了一个单摆。用这套装置，伽利略继续测量单摆的摆动周期。他先用铜球实验，又分别用铁球和木球实验。实验使伽利略看到，无论用铜球、铁球还是木球实验，只要摆长不变，来回摆动一次所用时间就相同，这表明单摆的摆动周期与摆球的质量无关。可是，摆动周期是由什么决定的呢？伽利略继续从实验中寻找答案。

伽利略首先做了两个摆长完全相等的单摆，测量它们的周期，测量结果使他看到这两个单摆的周期完全相等。他又做了十几个摆长不同的单摆，逐个测量它们的周期。实验表明：摆长越长，周期也越长。在实验基础上，通过严密的逻辑推理，伽利略证明了单摆的周期与摆长的平方根成正比，与重力加速度的平方根成反比。这样，伽利略不但发现了单摆的等时性，而且发现了决定单摆周期的因素。

伽利略是一位善于解决问题的科学家。发现了单摆的等时性，提出了应用单摆的等时性测量时间的设想。此时伽利略想到医生治病时经常需要测量病人脉搏跳动的快慢，只凭经验测量往往出现较大误差。能不能用单摆计时测量脉搏呢？于是伽利略亲自制作了一个标准长度的单摆来测量脉搏的跳动时间，使用这种装置测量比原来准确得多。于是伽利略建议医生诊脉时使用这种装置，不久这种装置在当时医学界就十分流行了。这就是世界上最早的脉搏仪，它是伽利略为医学做出的一个重要贡献。

思考题：

1. 你认为脉搏仪的出现，最主要的原因是什么？

____

____

____

2. 通过阅读此案例，你从伽利略的身上学到了什么？

____

____

____

3. 根据日常生活现状，你认为自己具备发现和解决问题的能力吗？请举例说明。

____

____

____

【案例分析】

案例一：牛仔裤的诞生

不管当今世界流行时尚多么眼花缭乱，但牛仔裤是每个人的“标配”，它的存在已经超过了一个世纪，至今仍受广大人民群众的喜爱。

牛仔裤是以舒适的牛仔布为材料制成的一种休闲裤，最初仅仅是用作人们日常生活的工作裤，随着时间的推移，学生和年轻人把它当成了非正式的制服，发展到后来，紧随时代潮流的设计师给牛仔服贴上了时代的风向标标签，从而使牛仔裤渐渐走向成熟，成了人们日常生活的必需品。那么，牛仔裤是如何诞生的？这里有一段小故事。

李维·施特劳斯是牛仔裤的设计者，1850 年，年满 20 岁的他满怀淘金梦来到了旧金山，到了地方之后，他发现寻找金矿的人成千上万，这反而打消了他“美梦”的想法，转而开起了一家专门销售日用品的小商店。

有一次，他乘船去拓展业务，带了一些线团之类的小商品和一批供淘金者搭帐篷和马车篷用的帆布。在船上时，小商品很快售空。到了码头，他夹着帆布准备下船去推销，刚下船，正遇到一位淘金工人，他就连忙迎上前问："您买帆布搭帐篷吗?"淘金工人说："我们这儿需要的不是帐篷，"然后又说，"我看用你出售的帆布做裤子挺好。矿工们现在穿的裤子都是用棉布做的，很快就磨破了，不结实。倘若用帆布来做，既结实又耐磨，肯定会大受欢迎。"听完这段话，他灵机一动，忙带着这位淘金者来到了裁缝店。他让裁缝用帆布为这人做了一条裤子，这就成了世界上第一条工装裤。他很快就缝制了一批裤子，果然很快销售一空，赚了一大笔钱，而且大量的订货纷至沓来，李维·施特劳斯也从此一举成名。

1853 年，他便成立了李维·施特劳斯牛仔裤公司，并在旧金山开设了专门服装厂，大批量生产"淘金工装裤"，专以淘金者和西部牛仔为销售对象。牛仔裤以它坚固、耐久、穿着舒适的优势，深受美国青年人的欢迎。不仅矿工们作为工作服爱穿，牛仔们也因为放牧骑马方便、耐磨而穿，就连大学生们、社会青年以及许多中老年人也将其作为一种时髦服装而踊跃购买，再加上美国的广播、影视界及时尚界等多个组织都把它作为新闻大力宣传，于是牛仔裤很快就从美国蔓延到世界各地，李维公司也就以生产 levis 牛仔裤而闻名天下。

任何一个新产品的问世都来源于一个好的创意思维，可以说，没有创意就不可能产生新产品，但关键是要把创意转变为生产力。经过上百年的发展积淀，李维公司不仅在牛仔装上颇有建树，而且延伸到其他日常服装用品层面上。在近几十年的发展过程中，李维公司日益强大，全球发展趋势明显，不仅在海外设有营业机构，而且在多个国家设立工厂、销售网点、市场预测、推广联营投资机构等，成为活跃于世界舞台的国际组织。

除营销因素之外，内在原因也是牛仔裤自诞生以来风靡全球的一个重要环节，具体包括以下三个方面。

（1）信守承诺。牛仔裤创设的初衷就是为工人提供耐磨的裤子，因此，李维公司一直坚持着真实、可靠的品牌承诺，确保每一条牛仔裤的质量过关，这一信念让顾客看到了企业的真诚，从而依旧保持对牛仔裤的热衷。

（2）情感互动。长期以来，李维公司一直在寻找品牌与受众之间的情感纽带，在每一次主题宣传中，企业均没有将重点放在产品的样式和功能上，放弃了销售的感觉，而是演变成一种与顾客情感上的交流体验。

（3）无视趋势。所有品牌都需要不断进步，李维公司虽然拥有强大的品牌资产，但也不能脱离时代的轨道，依旧把保持品牌的完整性置于趋势的最前沿。虽然这样的观念曾令李维公司吃过亏，但大多时候还是走在了时代的前面，尤其是社会责任方面做得非常成熟。

牛仔裤是一年四季永不凋零的“明星”，被人们称誉为“百搭服装之首”。随着牛仔裤不断地推陈出新，水洗牛仔裤、补丁牛仔裤、毛边牛仔裤以及各式各样的牛仔产品活跃街头，给人牢固、粗犷且精神抖擞的感觉，原本古板的帆布散发出耀眼的光芒。

思考题：

1. 牛仔裤是在什么背景下诞生的？

2. 牛仔裤这一品牌是如何建立起来的？

3. 牛仔裤广受大众喜爱的原因是什么？

总结分析：

（1）牛仔裤的诞生与人们的日常需求是密不可分的，它顺应时代发展规律，跟随人们审美观念不断转型，在保质保量的基础上硬化企业自身标准，这是牛仔裤流行至今的重要条件之一。

（2）与顾客心灵上的互动要比古板的实体物更为直接，企业如果能够实现与顾客情感上的沟通，势必会取得不俗的效果，牛仔裤做到了。

案例二：苹果创始人乔布斯的故事

提起史蒂夫·乔布斯（Steve Jobs），关于他的几组震撼数据就会浮现在我们眼前：2次手术，3个孩子，8年抗病，11款经典产品，100倍股价涨幅，100万台iPad，1亿部iPhone，2.7亿台iPod，带动全球超过万亿产值，这些使其成为当今社会追梦者的偶像和精神领袖。但创业是种创新活动，充满了机遇，也充满了挑战和变数，成功、竞争和风险与创业形影相随。与其说乔布斯创造苹果是成功的经典，不如说他和苹果公司都经历了常人所不能经历的挫折。

1955年2月24日，乔布斯出生在美国旧金山，被父母遗弃的他被养父母收留。学生时代的他聪明、顽皮，但学习成绩十分优异，尤其迷恋电子学，那时的他已经对计算机有了朦胧的认识。当时市面上卖的计算机都是商用的，且体积庞大，极其昂贵，拥有一台属于自己的电脑成了奢侈的梦想。一次偶然的机会，他遇到了比他年长5岁的沃兹，两人一见如故，于是决定创办属于自己的电脑公司。

制造个人电脑必需的就是微处理器，可是当时的8080芯片零售价要270美元，并且还不出售给未注册公司的人。但两人并未灰心，仍继续探寻，终于在1976年旧金山威斯康星计算机产品展销会上买到了摩托罗拉公司出品的6502芯片，功能与英特尔公司的8080相差无几，价格却只要20美元。两人欣喜若狂，于是跑到乔布斯的车库开始了这个伟大的创新。

短短几天，电脑就组装完成了，乔布斯的朋友都被震动了，但他们都没意识到，这个其貌不扬的东西就是世界上第一台个人电脑，会给以后的世界带来多大的影响。精明的乔布斯肯定这个自制电脑的市场价值，于是大量筹集资金，拟定产品名称——苹果，并将其自制电脑定位为“苹果 1 号”。

一次偶然的机遇给“苹果”公司带来了新机。1976 年 7 月的一天，零售商保罗 · 特雷尔来到了乔布斯的车库，当看完乔布斯熟练地演示电脑后，他认为“苹果”有很大的商机，决定冒险订购 50 台整机，乔布斯喜出望外，立即签约，对于他而言，这可是做成的第一笔“大生意”。不出意料，机器很快便销售一空，有了良好的开端，“苹果”公司名声大振，开始了小批量生产。

生产的前提便是需要大量的资金注入，然而资金问题是困扰乔布斯的一大难题，很多企业并没有看到“苹果”的发展前景，所以资金迟迟不能解决。但机遇往往垂青努力的人。1976 年 10 月，百万富翁马尔库拉慕名前来拜访沃兹和他们的车库工场，对于这一伟大创举，早就退休的他打算重操旧业，帮助他们把公司大张旗鼓地办起来。他主动帮助他们制定一份商业计划，并给他们贷款 69 万美元。有了马尔库拉这样行家里手的指导，有了这笔巨资，“苹果”公司的发展焕发出新的活力。

1980 年，《华尔街日报》的全页广告写着“苹果电脑就是 21 世纪人类的自行车”，并刊登了乔布斯的巨幅照片。因为巨大的成功，乔布斯 1985 年获得了由里根总统授予的国家级技术勋章。然而，成功来得太快，过多的荣誉背后是强烈的危机。受到经营理念和其他公司抢占电脑市场的多重压力，“苹果”电脑节节惨败，背锅的当然是董事长乔布斯，在舆论的谴责声中他愤而辞去苹果公司董事长职务。

辞职的乔布斯开始着手制作电脑动画片，个人身价与日俱增，而与之相反的是，苹果公司却濒临绝境。受命于危难之际，乔布斯重归故里，决定再次为苹果设计蓝图。不久之后，新电脑 iMac 在大家的期盼下正式登场，一面市就受到用户的热烈欢迎，不仅风格新颖独特、青春时尚，而且物美超值、功能强大，重新助燃了“苹果”这一品牌的火种。

1997 年，乔布斯被评为“最成功的管理者”，业界同人一致认同了这一观点，甚至连当初将乔布斯挤出苹果公司的斯卡利也情不自禁地赞叹：“苹果的逆转不是骗局，乔布斯干得绝对出色，苹果又开始回到原来的轨道。”

乔布斯已然成为一个奇迹，他总是给人以不断的惊喜，无论是开始还是后来，他天才的电脑天赋、绝妙的创意脑筋、伟大的目标、处变不惊的领导风范筑就了苹果企业文化的核心内容，苹果公司的雇员对他的崇敬简直就是一种宗教般的狂热。虽然乔布斯已经离世，但他的精神还将继续传承下去。

思考题：

1. 乔布斯具有哪些性格优势才能促成“苹果”的问世？
2. 乔布斯能够在逆境中重生，主要取决于哪些因素？

3. 创业需要大量资金的支持，通过阅读本文，你认为“苹果”的发展历程是否顺风顺水？

总结分析：

（1）乔布斯的哲学是“做正确的事”。这里的“正确”，指的不是技术，不是设计，不是美学，而是“人性”。

（2）乔布斯作为持续狂奔的“产品挑选人”，不断革新技术，不断增添新的应用创新，为企业增添内部活力，让企业焕发出勃勃的生机。

专题五　创业者和创业团队

实训一　创业者自我素质及能力测试

【实训目的】

1. 通过测试，让大学生认识到创业者必须具备一定的素质和能力。
2. 帮助大学生了解一些有关创业的知识。

【实训流程】

流程 1　创业者自我素质及能力测试

1. 果断性测试。

题号	测试题	是/否
1	你能在旧的工作岗位上轻而易举地适应与过去的习惯迥然不同的新规定、新方法吗？	
2	你进入一家新的单位，能够很快适应这一新的集体吗？	
3	你要为家里购买一架风扇，发现风扇造型、档次、功效的种类极为丰富，远不是当初想象的那么简单。你是否走遍全市所有商店才决定要买哪种？	
4	若熟人为你在其他单位提供一个薪俸更加优厚的职位，你会毫不犹豫地答应前往吗？	
5	如果做错了事，你是否打算一口否认自己的过失，并寻找适当的借口为自己开脱？	
6	平常你能直率地说明自己拒绝某事的真实动机，而不虚构一些理由来掩饰吗？	
7	在讨论会上，经过一番辩论和考虑，你能否改变自己以前对这个问题的见解？	
8	你履行公务或受人之托阅读一部他人作品，作品主题正确，可你对写作风格很不欣赏，那么，你是否会坚持按自己的想法对它大幅度修改？	

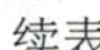

续表

题号	测试题	是/否
9	你在商店橱窗里看到一件十分中意的东西，它对于你并非所需，你会买下来吗？	
10	如果一位很有权威的人士对你提出劝告，你会改变自己的决定吗？	
11	你总是预先设计好度假的节目，而不“即兴发挥”吗？	
12	对自己许下的诺言，你是否一贯恪守？	
13	假若你了解到在某件事上上司与你的观点截然相反，你还能直抒己见吗？	
14	今天是校友会踏青的日子，你打扮得潇洒利落。但天气似乎要变，带雨具又难免累赘拖沓，你能很轻松地马上做出决定吗？	
15	你花费了很长时间和精力做出一个设计方案，看起来很不错，可总觉得非最佳方案，你是否请求暂缓提交，再仔细斟酌一下呢？	

2. 意志力指数测试。

下列每个题都有 4 个备选答案：A. 很符合自己的情况；B. 比较符合自己的情况；C. 介于符合和不符合之间；D. 不大符合自己的情况。根据测试题的内容，你可以从这 4 项备选答案中选择一项你认为符合自己实际情况的，填入表格中的“答案”一栏。

题号	测试题	答案
1	我给自己定的计划，常常因为主观原因不能如期完成。	
2	我的作息没有什么规律性，经常随着自己的情绪和兴致而变化。	
3	一般来说，我每天都按时起床，不睡懒觉。	
4	我做一件事情的积极性主要取决于这件事情的重要性，即该不该做；而不在于对这件事情的兴趣，即不在于想不想做。	
5	我信奉“凡事不干则已，干则必成”的信条，并身体力行。	
6	我认为做事情不必太认真，做得成就做，做不成便罢。	
7	我下决心办成的事情，不论遇到什么困难，都会坚持下去。	
8	生活中遇到复杂情况时，我常常举棋不定，拿不定主意。	
9	我常因读一本引人入胜的小说或看一出精彩的电视节目而忘记时间。	
10	有时躺在床上，下决心第二天要干一件事情，但第二天这种劲头又消失了。	
11	我希望做一个坚强的、有毅力的人，因为我深信“有志者事竟成”。	
12	我相信机遇，很多事实证明，机遇的作用有时大大超过个人的努力。	
13	我和同事、朋友及家人相处时，很有克制能力，从不无缘无故地发脾气。	

续表

题号	测试题	答案
14	我生来胆怯，没有十二分把握的事情，我从来不敢去做。	
15	我不怕做从来没有做过的事情，也不怕一个人独立负责重要的工作，我认为这是对自己很好的锻炼。	
16	在和别人争吵时，我有时虽明知自己不对，却忍不住要说一些过头话，甚至骂对方几句。	
17	我喜欢遇事自己拿主意，当然也不排斥听取别人的建议。	
18	凡是比我能干的人，我都不大怀疑他们的看法。	
19	在学习与娱乐冲突的时候，即使这种娱乐很有吸引力，我也会马上决定去学习。	
20	我做事喜欢挑容易的先做，难做的则能拖就拖，实在不能拖时，就赶时间做完算数，别人不大放心让我干难度大的工作。	
21	我决定做一件事时，常常说干就干，绝不拖延或让它落空。	
22	我的兴趣多变，做事时常常是这山望着那山高。	
23	我能长时间做一件事情，即使它枯燥乏味。	
24	我在学习和工作中遇到了困难，首先想到的就是问问别人有什么办法。	
25	对于别人的意见，我从不盲从，总喜欢分析、鉴别一下。	

3. 人际交往能力测试。

人际交往能力是创业者必须具备的基本能力，也是一个创业者取得成功的前提。本测试的主要目的就是考查大学生的人际交往能力，因此，请认真思考下列问题，并从 A、B 两个选项中选出你认为最符合自己情况的一项，填入（ ）内。

（1）你并不同意你朋友的新爱好，假如他在征求你的意见时：（ ）

A. 直截了当地表示反对　　B. 试图找出一个得体的说法

（2）要是有人邀请你，这次邀请对你来说又非常重要，你去时：（ ）

A. 穿着舒服，随便　　B. 穿适合这种场合的衣服

（3）你的朋友因家庭纠纷找你，希望听一听你的建议，你怎么办呢？（ ）

A. 不表示自己的态度　　B. 按你的看法评价谁是谁非

（4）要是有一件小事使你苦恼时：（ ）

A. 你闷在心里　　B. 随便告诉熟人

（5）假如你遇见一个人，但想不起他的名字时，你怎么办呢？（ ）

A. 难为情地急忙走开　　B. 坦率地承认你记不起他的名字了

（6）做客时有人讲了个有趣的故事，但记不清如何收尾了，而你知道结尾时：（ ）

A. 你将结尾讲出来　　　　　　　　　B. 你保持沉默

（7）一个朋友滔滔不绝地叙述一个电视节目，而你认为这个节目没有意思，于是你说：（　　）

A. 这个节目我没有看过，但我想看看　　　B. 我看过，但不喜欢

（8）你由于一时大意，同一天安排了两个约会，那么你将赴哪个约会呢？（　　）

A. 赴先定的那个约会　　　　　　　　B. 赴更重要的约会

4. 处理公务关系能力测试。

请在 5 分钟之内从每道题的备选答案中选择一个你认为最符合的，在□里画“√”。答题时请不要乱猜乱填，尽量按照自己的真实想法一次填完。

（1）你与一个下属离开一家餐馆，发现餐馆少找了你们一元钱。你收入颇丰，时间又宝贵，这时你会怎么办？

□A. 这不只是钱的问题，还涉及原则，应转回去提意见。如可能，收回缺额

□B. 忘掉这事

□C. 叫下属去提意见

（2）你希望一位执拗的同事按你的建议去做时，应怎么办？

□A. 尽量使他相信这建议至少有一部分出自他的头脑

□B. 只考虑这建议会给你带来荣誉

□C. 无选择

（3）有位女士来你店里买鞋，由于她右脚略大于左脚，总也找不到适合她穿的鞋，你觉得应当解释一下，你将如何表达呢？

□A. “女士，你的右脚比左脚大。”

□B. “女士，你的左脚比右脚小。”

□C. 无选择

（4）假设你是老板，一名雇员向你献上有关提高效率的计策。他的建议是你过去已想过并打算实施的，那么下面哪种处理办法较好？

□A. 告诉他你的真实想法，但对他给予充分的肯定

□B. 闭口不提你以前的想法，只赞扬他的合作精神

□C. 无选择

（5）善于言辞是优秀业务人员的标志。假定你和一位才学高深、掌握很多国家语言的博士交谈，你会选择哪类风格的句子来表达？

□A. 这是常见的事

□B. 这属于每日必有之事

□C. 这种事发生得很平凡

□D. 无选择

（6）假设自己是一家商店的经理，一位顾客闯入你办公室怒冲冲地发泄不满，你意识到这完全是她的错，那么你应如何走第一步棋？

□A. 努力迁就她的错误看法，对她表示同情

□B. 心平气和地向她指出其不满是误会造成的，不是商店的责任

□C. 告诉她去找顾客意见簿或专司其职的管理人员，如果要求是正当的，问题会得到解决，而找你是没用的

□D. 无选择

（7）你事先知道一位可能成为你客户的人是蝴蝶标本收集者时，你带着业务目的拜访他。你拿出一个标本说："听说你是蝴蝶专家，这是我孩子捕到的一只蝴蝶，我把它带来是想请教你，这是什么蝴蝶？"你预计可能会发生以下哪种情形？

□A. 他会觉得你有些冒昧、不合时宜

□B. 他会对你产生好感

□C. 无选择

流程 2 诊断测试结果

	评分标准	诊断结果
果断性测试	1～5 题，"是"得 3 分，"否"则 0 分。 6～8 题，"是"得 4 分，"否"则 0 分。 9～10 题，"是"得 0 分，"否"得 3 分。 11～14 题，"是"得 3 分，"否"得 0 分。 15 题，"是"得 0 分，"否"得 3 分。	A 型（0～13 分）：优柔寡断。任何决定对于你来说都是一桩难事，你总得反复和朋友商量后做出一个并不爽快的决定。不过你可以试着在日常琐事上"冒险"一些，时间一长也会有所改善。 B 型（14～25 分）：小心审慎。在需要紧急决断的事上，你可以当机立断；一旦做决定的时间比较充裕，你就会依靠别人。其实你是有决断能力的，一定要相信自己的头脑和经验。 C 型（26～35 分）：相当果断。你具有足够的逻辑判断力和丰富的经验，这使你能迅速做出合理的决定。偶尔出现错误，你一旦意识到就会加以补救。 D 型（36 分以上）：极其果断。你不曾体验过犹豫的滋味，如果辅以开阔的眼界以及合理的知识结构，你会是大集团强有力决策者的合适人选。

续表

	评分标准	诊断结果
意志力指数测试	单数题号：A 记 4 分，B 记 3 分，C 记 2 分，D 记 1 分； 双数题号：A 记 1 分，B 记 2 分，C 记 3 分，D 记 4 分。 各题得分相加，统计总分。	105 分及以上：说明你意志力很坚强。 90 ~ 104 分：说明你意志力比较坚强。 70 ~ 89 分：说明你意志力一般。 50 ~ 69 分：说明你意志力比较薄弱。 49 分及以下：说明你意志力很薄弱。
人际交往能力测试	1 ~ 8 题，答案分别为 B、A、A、B、B、B、A、A。 如果你的选择与上述答案相符，记 3 分，反之记 0 分。	21 分以上，表明你的人际交往能力非常强，你非常擅长人际沟通和处理人际关系中的各种问题，能和同事及同学友好相处。 15 ~ 21 分，表明你的人际交往能力比较强，你比较擅长处理人际关系，对人际关系中出现的各种问题能够较为妥善地处理。 9 ~ 12 分，表明你的人际交往能力一般，你清楚自己在人际交往中出现的问题，但却不知该如何去解决。 9 分以下，表明你的人际交往能力有待提高，需要不断向别人学习人际交往方面的技巧和经验。
处理公务关系能力测试	1 ~ 7 题，答案分别为 B、A、B、A、A、C、B。 对照答案，每答对一题记 2 分；漏答一题减一分；选了两个以上“无选择”者减 4 分。计算出你的总得分。	25 ~ 29 分，属于优秀的公务关系协调者。你比较擅长以情动人、以理服人，用高超的技巧来使目的得以实现，你有资格成为一个大团体的领导者。 15 ~ 24 分，属于一般公务关系协调者。在一般情形下，你能够以合理适度的方式使他人接受你的意见，按照你的意图去干，但如果时间紧迫或情况特殊，你往往会做出一些不当的决定，说明你可能不胜任对大范围内公务关系的管理和协调。 0 ~ 13 分，属于“拙劣”的公务关系协调者。你不了解在处理公务关系时“因势利导”的原则，对人的观察研究不够，很难得心应手地运用技巧来协调好各方面的关系，你与管理无缘，只适于从事具体的专项工作。

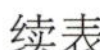

流程 3　分析总结

通过对自身的果断性、意志力、人际交往能力以及处理公务关系的能力进行测试，为大学生对于自己能否进行创业提供必要的参考。请就此回答下述问题。

1. 通过测试，你认为自己还需提高哪方面的能力？如何去提高？

2. 通过测试，你认为创业者还应具备哪些条件？

3. 就目前你对社会发展的理解，你认为人际交往能力对于创业来说影响大吗？为什么？

【实训思考】

请利用课余时间，搜集有关成功人士所具备的各种能力的相关资料，并撰写一篇不少于 300 字的总结，和同学们分享、交流自己的心得看法。

实训二　创业者如何组建创业团队

【实训目的】

1. 使大学生了解什么是创业团队。
2. 掌握组建创业团队的步骤。

【实训流程】

流程 1　团队成员信息一览表

职务	姓名	联系方式
首席执行官		
营销总监		
财务总监		
采购总监		
信息总监		

流程 2　各个岗位的具体职责

	岗位职责
首席执行官	（1） （2） （3） （4） （5） （6） （7） （8）
营销总监	（1） （2） （3） （4） （5） （6） （7） （8）

续表

	岗位职责
财务总监	(1) (2) (3) (4) (5) (6) (7)
采购总监	(1) (2) (3) (4) (5) (6) (7)
信息总监	(1) (2) (3) (4) (5) (6) (7)

注：组建创业团队时，一般是每组 5 ~ 8 人，根据人数的不同，也可以增加以下角色。

（1）首席执行官助理：帮助执行官处理各种琐事及客户沟通工作。

（2）财务助理：协助财务总监做好财务工作。

（3）商业信息员：负责调查其他企业的广告投放、企业战略、生产能力以及盈利情况等信息，为本企业决策提供有力支持。

流程 3　团队氛围营造

确定了团队的主要成员后，成员之间能否建立融洽的关系，也影响到企业的发展与成长。可以参考“六顶思考帽子”方法，避免群体思考陷入混乱，并确保从一开始就使误解最小化。

帽子颜色	用于	范例
白色（事实）	中性信息	民以食为天
红色（情感与感觉）	包括预感和直觉	我感到很生气，因为我们失去了很多客户
黑色（否定）	评估思想或情形的不妥之处	这个建议不会起任何作用
黄色（肯定）	评估思想或情形的有利之处	这是个好主意
绿色（创造力）	产生思想	你可以尝试换个角度
蓝色（控制）	正如管弦乐队中的指挥一样——控制帽子的使用	现在我们需要戴上黄色帽子思考

在使用这一方法的时候，应该允许每个人每次集中思考问题的一个方面，同时也应让团队中的每个人能够在思考中转变角色。通过阅读“六顶思考帽子”方法，以小组为单位，思考当团队成员之间发生矛盾或是冲突时，你作为团队的领导者该如何去做。

___

流程4　分析总结

1. 通过上述步骤，你认为在组建创业团队时，应考虑到哪些因素？

2. 你认为组建创业团队，最重要的一点是什么？为什么？

【实训思考】

假设你是创业者，该如何利用自身有效的资源去组建创业团队？

实训三 创业团队组建的重要性

【实训目的】

1. 使大学生了解组建创业团队的重要性。

2. 让大学生认识到团队合作在创业及生活中的作用。

【实训流程】

流程 1 海上遇险设想

整个班级分为 5 组。假设你们正随着一艘游船漂浮在海面上，突然间狂风大作，暴雨侵袭，游船在巨浪撞击下早已不堪重负。你们离最近的陆地大约有 1700 千米，船上有 14 件物品，此外还有一个带桨的、可乘坐你们和所有船员的橡胶救生筏。

主要任务：把这 14 件物品按其在你们求生过程中的重要程度排列，把最重要的物品放在第一位，次要的物品放在第二位，以此类推，直至排出相对不重要的第 14 件。如：1 表示最重要，2 次之，以此类推。

请完成下列步骤，并在相关的栏目中填入分数。（注：个人排列——自己思考进行排序；小组排列——小组进行讨论，按小组共同的意见排序；救生专家的排列——专家的意见，老师给出答案，请大家记录。）

物品	个人排列	小组排列	救生专家的排列	个人排列与救生专家排列之差	小组排列与救生专家排列之差
救生圈					
指南针					
一桶 15 千克的水					
压缩饼干					
一瓶白酒					
化妆镜					
驱鲨剂					
望远镜					
急救箱					
求生信号棒					
照明设备					
盛水容器					

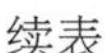
续表

物品	个人排列	小组排列	救生专家的排列	个人排列与救生专家排列之差	小组排列与救生专家排列之差
救生刀					
两盒巧克力					
你的分数总计					
小组分数总计					

流程 2　各组分数统计

	一组	二组	三组	四组	五组
个人平均分数					
小组分数					
实际得分					
小组个人最低分					
小组中个人分低于小组分的人数					

注：个人平均分数＝小组中的个人分数相加后除以小组人数；小组分数＝小组排列分数与救生专家排列的分数之差；实际得分＝小组分数与个人平均分数之差，如果小组分低于平均分，则得正分，反之则得负分。

流程 3　从任务完成情况来归纳群体和团队的区别

区别	群体	团队
目标		
责任		
技能		
规范		
效率		
方法		

通过对比，你发现了什么？

【实训思考】

1. 通过上述训练，你获得了哪些启示？

2. 就你目前对社会发展的了解，你认为组建创业团队的重要性还体现在哪里？试举例说明。

【案例思考】

马化腾：难得的创业五兄弟

腾讯的创业五兄弟，堪称难得，其理性堪称标本。在最初的时候，马化腾和他的同学张志东“合资”注册了深圳腾讯计算机系统有限公司。之后又吸纳了3位股东：曾李青、许晨晔、陈一丹。为避免彼此争权夺利，马化腾在创立腾讯之初就和4个伙伴约定清楚：各展所长，各管一摊。马化腾是首席执行官，张志东是首席技术官，曾李青是首席运营官，许晨晔是首席信息官，陈一丹是首席行政官。

之所以称创业五兄弟“难得”，是因为直到如今，这5个人的创始团队还基本是保持这样的合作阵形，不离不弃。直到腾讯做到如今的局面，其中4个还在公司一线，只有曾李青挂着终身顾问的虚职而退休。都说一山不容二虎，尤其是在企业迅速壮大的过程中，要保持创始人团队的稳定合作尤其不容易。在这个背后，工程师出身的马化腾从一开始对于合作框架的理性设计功不可没。

从股份构成上看，5个人一共凑了50万元。其中，马化腾出了23.75万元，占了47.5%的股份；张志东出了10万元，占20%；曾李青出了6.25万元，占12.5%的股份；其他两人各出5万元，各占10%的股份。

虽然主要资金是由马化腾所出，他却自愿把所占的股份降到50%以下。“要他们的总和比我多一点点，不要形成一种垄断、独裁的局面。”而同时，他自己又一定要出主要的资金，占大股。“如果没有一个主心骨，股份大家平分，到时候也肯定出问题，同样完蛋。”

保持稳定的另一个关键因素，就在于搭档之间的“合理组合”。

据《中国互联网史》作者林军回忆说：“马化腾非常聪明，但非常固执，注重用户体验，愿意从普通用户的角度去看产品。张志东是脑袋非常活跃、对技术很沉迷的一个人。马化腾技术上也非常好，但是他的长处是能够把很多事情简单化，而张志东更多是把一个事情做得完美化。”

许晨晔和马化腾、张志东同为深圳大学计算机系的同学，他是一个非常随和而有自己的观点但不轻易表达的人，是有名的“好好先生”。而陈一丹是马化腾在深圳中学时的同学，后来也就读深圳大学，他十分严谨，同时又是一个非常张扬的人，他能在不同的状态下激起大家的激情。

如果说其他几位合作者都只是“搭档级人物”的话，曾李青是腾讯5个创始人中最好玩、最开放、最具激情和感召力的一个，与温和的马化腾、爱好技术的张志东相比，是不同的类型。其大开大合的性格也比马化腾更具攻击性，更像拿主意的人。不过或许正是这一点，也导致他很早脱离了团队，单独创业。

后来，马化腾在接受多家媒体的联合采访时承认，他最开始也考虑过和张志东、曾李青3个人均分股份的办法，但最后还是采取了5人创业团队，根据分工占据不同的股份结构的策略。即便是后来有人想加钱、占更大的股份，马化腾也说不行：“根据我对你能力的判断，你不适合拿更多的股份。”因为在马化腾看来，未来的潜力要和应有的股份匹配，不匹配就要出问题。如果拿大股的不干事，干事的股份又少，矛盾就会发生。

当然经过几次稀释，最后他们上市所持有的股份比例只有当初的1/3，但即便是这样，他们每个人的身价也还是达到了数十亿元人民币，是一个皆大欢喜的结局。可以说，在中国的民营企业中，能够像马化腾这样，既包容又拉拢，选择性格不同、各有特长的人组成一个创业团队，并在成功开拓局面后能依旧保持着长期默契合作的，很少见，这也值得创业者学习和反思。

思考题：

1. 通过此案例，你认为个人在团队中起着什么样的作用？

____

____

____

2. 创业五兄弟的“难得”，具体是指哪些方面？

____

____

____

3. 你认为组建创业团队的过程中，需要注意哪些问题？

____

____

____

【案例分析】

案例一：马化腾五兄弟创业的故事

马化腾，中国著名企业家，腾讯公司主要创办人之一，他在中国互联网发展史上留有浓重的一笔。是他让人们开始认识虚拟网络文化，是他让人们可以穿越时空交流信息，他理所当然地成了这个虚拟王国的“首领”。腾讯公司打造的网络虚拟平台可谓是当今我国最大的网络平台，在全球范围内也让无数人为之疯狂、迷恋。2019 年 3 月 5 日（纽约时间），马化腾以 388 亿美元财富在 2019 年福布斯全球亿万富豪榜中排名第 20。能有今天的成就，与他的金牌团队是密不可分的，更离不开他身边那四位不离不弃的好兄弟，这五兄弟创业的故事，便是中国互联网发展的缩影。

曾经有一家杂志采访过马化腾和他的团队，发现这五兄弟是一个非常完美的创业组合，每个人都有自己的特点，而且搭配在一起也特别合理。五兄弟中，马化腾拥有非常智慧的大脑，做事固执，抉择能力强；许晨烨性格比较随和，善于观察且三思而后行；张志东头脑灵活，想法和技术均处于巅峰；陈一丹做事谨慎而又张扬，活跃氛围十分在行；曾李青性格开朗，富有激情且具有强大的感召力。这五个人的团队从一开始就好像经过了精密的搭配，每一种性格和特长都互为补充，最终形成了一支战斗力极强的团队。

腾讯公司在创立之初，马化腾就提出了自己的理念，他和四个兄弟一起约定：各施所长，即每个人都要发挥出自己的优势和实力，但不能干扰他人的发挥。在公司的原始股份之中，马化腾以 23. 75 万元的出资占据了 47. 5% 的股份。其余四人中，张志东出资 10 万元占据 20% 的股份，曾李青出资 6. 25 万元占据 12. 5% 的股份，许晨烨和陈一丹分别出资 5 万元，各占据 10% 的股份。在这看似无意的搭配中隐藏着一个细节：五人之中，其他四人的股份加起来比马化腾所持有的股份稍多一些，避免了“一头大”的局面；虽然马化腾付出最多，但却主动减少了自己的股份，有效避免了形成垄断和独裁，更有利于稳定组织内部平衡。

从股权分配上，我们可以看到马化腾在用人及规划上的高瞻远瞩，他从起步之初就预知了未来可能遇到的风险。为了保持创始人团队的稳定合作，在企业迅速壮大的过程之中，以一个理性设计的合作框架确保自己人不会掉队。实际上，在最初筹划兴建公司的时候，马化腾也曾经想过和张志东、曾李青三个人平均分配股权，但最终还是选择了根据不同的分工来决定股权结构的策略。利益越大，风险也就越大，在五兄弟绑在一起生死与共时，保持格局的均衡就显得至关关键。

在中国的民营企业之中，几个创始人性格各不相同，却各有所长、互相弥补的团队极其少见，在腾讯蒸蒸日上的今天，我们就更感觉到这种互补性团队的难能可贵。创业五兄弟中，马化腾为首席执行官，张志东为首席技术官，曾李青担任首席运营官，许晨烨担任首席信息官，陈一丹担任首席行政官。按照最初的约定，这支队伍开始策马奔腾，扬帆起航。

“五兄弟”之所以可以成功地拓展局面，并且保持长期以来的合作默契，与马化腾合理利用人才、共享企业资源的决策是分不开的。腾讯能够走到今天这个地步，依靠的是组织内的职权分明，依靠的是企业里的利益均衡，只有利益和责任、权力相关联，队伍的稳定性才能持续上升。多年来，五兄弟在保持张力的同时也维持了和谐，当意见出现矛盾的时候，并没有出现互相推脱责任、互相泼冷水的场面。

然而，马化腾自己坦言，一个成功的团队需要长期保持均衡，但也绝不能把新的智慧拒之不理，因为每个人都需要新知识的洗礼，故步自封只能让自己退步，被历史的车轮所淹没。

在腾讯崛起之后，为了让大家的思维都得到更新，也为了引入更加专业、先进的技术理念，马化腾还引入了多名“先锋官”，把他们委任到腾讯核心管理层。例如，2006 年，马化腾引入了高盛公司的刘志平担任总裁一职。

新总裁的出现曾经让人一度以为五兄弟的组合要解散了，马化腾却告诉他的兄弟们：“腾讯的业务持续猛进，发展样式趋于多元化，更多的专业化知识一个人是难以维持的，需要更多的力量、更多的企业接班人。多年积累的专业知识不能止步不前，要有全新的知识和技术融入进来，才能使这份事业走向更远大的未来。”兄弟们坦然地接受了“先锋官”的降临，并且他们相信“兄弟联盟”永不凋谢。

每一个成功人士的背后都会有一些让人赞叹和值得学习的经历，今天的成就与昨天的努力是紧密相连的。而在运用智慧的过程中，我们看到的不仅是用“技”的智慧，更要有用人的头脑。就像马化腾一样，他用实际行动告诉我们：共享，永远要比独裁更重要。不论你们是合作上的伙伴关系，还是亲密无间的友谊关系，都将每个人摆在正确的位置上，让一个团队看起来更加和谐，更具生命力，大家的智慧就会发挥得淋漓尽致，未来的成功也就多了一份保障。

腾讯五兄弟的传奇还在继续，腾讯的历史还在续写，未来腾讯能够继续做出哪些创新，我们拭目以待。

思考题：

1. 马化腾的成功与哪些因素有关？

2. 通过对马化腾五兄弟故事的了解，你认为创业团队需要具备哪些能力？

3. 企业要想继续发展，离不开哪些条件的支撑？

总结分析：

（1）优秀的团队是创业成功的根基，头脑风暴能让组织更有活力，一切动力的开始皆由深厚的技术底蕴和强大的领导作为支撑。

（2）能够做出果断抉择的人有巨大的发展潜力，能够有序规划工作进程是一个优秀领导的具体表现，企业中必须有一个灵魂人物，他是企业不断上进的中坚力量。

案例二：被拒绝了1009次的肯德基创始人

哈兰·山德士，肯德基创始人，他给人们留下的最直观印象就是扎蝴蝶节的白胡子老头，自幼家境一般的他练就了一手好厨艺，他真正意义上的创业是从他40岁开始的。

40岁那年，他在美国肯塔基州开了一家加油站，因为坚持诚信经营，生意发展得还不错。在日常营业过程中，他看到过往的司机总是饥肠辘辘的样子，因为自己厨艺还不赖，于是他灵机一动，为什么不在加油站里面开个小餐馆呢？不仅能够方便过往的司机，以带动加油站的生意，还可以增加收入，可谓一举两得，何乐而不为呢？于是，他很快开始了这一设想，小餐馆也渐渐地开张了起来，让他没想到的是他亲手做的炸鸡要比加油站更受欢迎！看到如此繁荣的景象，他便顺势而为，不断研究和改进炸鸡配料，然后又在公路对面新建了一家餐馆，专门经营炸鸡。因其风味独特，结果一传十、十传百，渐渐地，他的炸鸡声名远扬，慕名前来一饱口福的顾客络绎不绝。

随着小店蒸蒸日上，收益也变得越来越多。肯塔基州州长为了感谢他在饮食界所做的特殊贡献，向他颁发了上校官阶。突如其来的成功不仅为山德士带来了数不尽的财富，而且让他获得了至高无上的荣誉，人们都喜欢称他为“亲爱的山德士上校”。

然而世事难料，第二次世界大战突然爆发，由于美国在战时实行汽油配给制，他的加油站被迫关闭。面对突如其来的变故，他并没有灰心，而是开始全力经营炸鸡小店，并从银行贷款，准备扩大饭店规模。“屋漏偏逢连夜雨，船迟又遇打头风”，刚刚想要开始将全部资金大兴土木之时，一条横跨全州的高速公路规划出来了，正好从他的饭店中间横穿而过，所有的投资瞬间化为一缕青烟。为了偿还贷款，他不得不变卖了所有家产，仅靠每月105美元的救济金勉强为生。命运跟他开了一个天大的玩笑，他从声名显赫的“大富翁”变成了一个分文不值的“穷光蛋”，那一年的他已经66岁。

一系列变故无疑给了他致命一击，但是强大的内心使他并没有被击垮，他一直苦思冥想着他的复业计划。记得他曾经把炸鸡的做法卖给犹他州的一个饭店老板，条件是对方每卖1只炸鸡就付给自己5美分，想到这，逆境之中的山德士仿佛看到了一丝生机，也许这是个不错的主意，他决心一试。为了推销自己制作的炸鸡，66岁的山德士开着一辆破旧不堪的老福特车，带着一个作料桶，再次踏上了创业之路。从此，在许多饭店的门口，人们经常会看到一个绅士打扮的白发老头，身穿西装，戴着黑色镜，打着蝴蛛结，口若悬河地向饭店老板推销炸鸡秘方的特许权。事与愿违，几乎没有人相信这个奇怪的老头。从肯塔基州到俄亥俄州，一路上山德士收获的是无数次拒绝，历艰辛，却一无所获。整整两年，在他的日记上记录的是1009次失败！

接连的失败并没有吓倒这个倔强的老头，他依然面带微笑执着前行，第1010次，他终于成功了。1952年的一天，当山德士又走进一家饭店时，老板竟然被他说服了，答应可以做一下尝试。不久后，盐湖城第一家被山德士授权经营的餐厅正式建立，这便是世界上餐饮加盟特许经营的开始。山德士欣喜若狂，又满怀信心地投入了下一次努力，慢慢地，越来越多的人开始接受他的创意。趋势如同野火燎原，短短几年，他的事业飞黄腾达，时至今日已经遍布全球各地。

思考题：

1. 山德士成功的原因是什么？

2. 被拒绝 1009 次的山德士为什么还能一如既往地坚持自己的信念？

3. 通过山德士的经典实例，你认为创业者需要具备哪些素质？

总结分析：

（1）命运之神只会眷顾那些努力勤奋有上进心的人，不管你年龄几许，不管你从事什么职业，只要坚持不懈，就必定会闯出一番天地。

（2）失败仅仅是下一次成功的开始，不必在乎昨天的讥讽，不必理会昨天的失落，要时刻记住：今天，依旧美好，依旧前景无限！

案例三：新东方创业之路的四阶段

俞敏洪，企业家，新东方教育集团创始人。斯蒂芬·茨威格在《人类群星闪耀时》一书中感慨道："一个人生命中最大的幸运，莫过于在他的人生中途，即年富力强时发现自己生活的使命。"

"人生不能用财富来衡量，新东方上市虽然让我财富增加，但是财富对于我来说只是符号。"俞敏洪说，"我们近期收购了长春和北京最好的高考复读学校，我想新东方将来的策略还是以大学生为主体，逐渐向两端人群延伸。除了继续在新东方奋斗，我现在也有能力和财力去完成我的个人梦想，那就是办个小型的人文大学，希望能把它办成百年名校。"

2006 年 9 月 7 日，纽约证券交易所敲响了新东方教育科技集团（NYSE：EDU，以下使用简称"新东方"）上市的钟声，曾经自称"土鳖"的俞敏洪带着中国第一支教育概念股，进入了这个全球最大、最具流动性的证券交易所。自上市之日起，俞敏洪就多了一个头衔——"中国最富有教师"。转眼十几年过去，这个略显消瘦的中国男人在华尔街投资的热度依旧不减。热度带来的便是财富，在财富激增的同时，新东方的版图也实现了飞速扩张。目前，新东方在全国已经拥有上百家分校，上千个教学点，上万名正式员工。而在十几年前，它只拥有 3 所学校和 23 个教学点。

回首新东方的创业之路，俞敏洪把它划分为四个阶段，同时这也被外界戏称为成为"最富有教师"的四个步骤。

第一阶段，俞敏洪把它定义为"个体户 + 夫妻店"阶段。1991 年，俞敏洪辞去了北京大学英语教师的职务，鉴于他对出国考试和出国流程了如指掌以及对培训行业的熟悉，他开设了一个培训班。据他回忆，当时他在中关村第二小学租了间平房当教室，外面支一个桌子，放一把椅子，"东方大学英语培训班"正式成立。为了做足宣传，他自己拎着糨糊桶在零下十几摄氏度的天气里贴广告，往往刚把糨糊刷在电线杆上，广告还没贴上就成冰了。后来，因为市政建设，来人要拆新东方外面的两根电线杆，在几经要求之下，花了 7 万元才得以幸存，谈起这段创业经历时，俞敏洪多次自嘲电线杆就像自己的宠物狗一样。渐渐地，他好像觉得找到了自己人生奋斗的目标，培训经营还不赖，于是就叫妻子过来一起帮忙，新东方就从个体户变成了夫妻店。

第二阶段，俞敏洪把它定义为“朋友合伙”阶段。经常把《曾子》中的“用师者王，用友者霸，用徒者亡”挂在嘴边的俞敏洪深知伙伴和团队的重要性。俞敏洪想起了海外的“兄弟”徐小平、王强和包凡一。1995 年底，积累了一小笔财富的俞敏洪奔赴北美，前去邀请他们回来一起建设新东方。他们怀着创业的激情和对自由的憧憬慕名而至，靠着这种“梁山豪情”的结交方式，借着当时英语学习热和出国热的发展趋势，再加上几人大量引入世界先进的理念、先进的文化、先进的教学方法，新东方开始如野草般疯狂生长。俞敏洪笑言自己是“一只土鳖带着一群海龟奋斗”，如何让每个人都保持活力和激情是率先要考虑的问题。

俞敏洪说：“在新东方，没有任何人把我当领导看，没有任何人会因为我犯了错误而放过我。在无数场合下，我都难堪到了无地自容的地步，我无数次后悔把这些精英人物召集到新东方来，又无数次为新东方有这么一大批出色的人才而骄傲。因为正是这些人的到来，我明显地进步了，新东方明显地繁荣了。没有他们，我到今天可能还是个目光短浅的个体户，没有他们，新东方到今天还可能是一个名不见经传的培训学校。”

第三阶段，俞敏洪把它定义为“拆分、打架”阶段。2001—2004 年底，新东方迎来最痛苦的时刻，这一阶段新东方要把合伙人变成股东，进行股份改制，完成真正的股份改革。这其中最尖锐的就是利益问题，做大了，股份怎么分？新进入的市场怎么分？俞敏洪自述：“创业之初的伙伴们在新东方日进斗金后，不再像以前一样安于自己的分成，逐渐产生了利益纠葛。由于以前没有一套机制来规定剩余权益收益的归属，大家开始了争执和吵闹。”王强、徐小平先后向俞敏洪递交辞职书，新东方三大主力中的两个主力要脱离组织。随后，俞敏洪曾经的上铺兄弟包凡一也提出辞职，吵着要求退股。2004 年，另外两大支柱胡敏、江博也相继出走。曾经的“盟友”纷纷“背离”，新东方快到土崩瓦解的边缘，俞敏洪到了创业最艰难的时刻。

俞敏洪谈及危机时说道：“我比较像刘备，常常用眼泪来赚取其他管理者的同情，我的柔弱个性在新东方内部起到了黏合作用，任何情况下我都不会走向极端，这是新东方没有崩盘的重要原因。”最终，在俞敏洪的极力恳求下留下了几员大将共赴大业。

第四阶段，俞敏洪把它定义为“国际融资”阶段。自 2005 年开始，经过成功的机构改造，俞敏洪带领新生的新东方团队完成了凤凰涅槃。通过在纽约证券交易所和华尔街成功的表现，他“最富有教师”的头衔更加稳固，“新东方”的旗号更加闪亮。

俞敏洪曾写道：“现在新东方做大了，自己所面对的困难反而越来越多了，有些困难是因为中国的客观现实造成的，但有些困难存在完全是因为我的无能和性格缺陷所致。放眼看去，我开始明白，只要新东方存在着、发展着，我所面临的困难和痛苦将会无穷无尽。多少次痛苦万分时，我下定决心要放弃新东方，希望离新东方越远越好，多少次在我离开新东方一段时间后，又对她如此的魂牵梦绕，只有思念，只要听不到新东方的消息就茶饭不思，坐立不安。”

惶恐和不安几乎是所有企业领导者共同的体验，唯有战胜这些的人才能走下去。而如今，新东方风华正茂，气势依旧，俞敏洪如何走好下一步棋已成为未来新东方发展的焦点。

思考题：

1. 通过阅读本文，你认为新东方在哪个阶段最困难？为什么？

2. 善于用眼泪换取同情的俞敏洪在创业旅途上有哪些品质值得我们学习？

3. 新东方越做越强，前面遇到的困难也会越来越大，对于这种发展状态，你认为俞敏洪未来的发展方向是怎样的？

总结分析：

（1）渡过难关是一种心态，你想要跨过去的话，就必然能跨过去。很多人在工作的时候，常常带着怨气和怨恨，工作上的晦气就会如同驱之不散的“恶魔”一样常伴身边，倘若你能够调整过来，势必会迎来柳暗花明的春天。

（2）在新东方的创业过程中，俞敏洪曾无数次想过放弃，如果其中任何一次成为现实，都不会成就新东方的今天。俞敏洪挺住了，这种精神值得我们学习。

专题六　创业机会与创业风险

实训一　发现创业机会

【实训目的】

1. 让大学生学会发现创业机会。
2. 让大学生认识到创业机会对于未来发展的重要性。

【实训流程】

流程1　收集创业信息

寻找创业机会的前提就是要收集创业信息。在全班范围内，以小组为单位，进行创业信息的收集，从中发现创业机会。可以参考以下方式进行。

信息收集方式（在符合小组情况的（ ）里打“√”）： （　　）问卷调查法　　（　　）电话询问法 （　　）观察调查法　　（　　）收集二手市场信息 信息收集渠道： 记录下你所搜集的相关内容： 从收集到的信息中发现商机： 商机1： 商机2： 商机3：

流程 2　辨别创业机会

从收集到的信息中找到商机，然后在此基础上分析和识别商机，从而发现具有市场潜力和发展前景的创业机会。

辨别方式	商机 1	商机 2	商机 3
行业现状			
发展环境			
经济效益			
竞争情况			
市场吸引力			
优劣条件			

流程 3　总结并汇报

各小组成员以多种形式进行创业信息的收集，从中发现创业商机，继而把商机转变为创业机会。在这整个过程中，每个小组都有自己的收获。小组成员进行讨论，可参考下面几个问题进行，并制作成 PPT，选出一个代表，与同学们进行分享。

1. 通过此次调查，你收获了什么？

____

____

____

2. 你在收集信息的过程中，遇到了哪些问题？

____

____

____

3. 你是如何辨别有利商机的？请写出具体的步骤。

____

____

____

【实训思考】

1. 你认为还可以通过哪些途径去发现创业机会？

____

____

____

2. 如果你是一个创业者，你认为应该如何有效地去收集创业信息？

实训二 蒂蒙斯创业机会评价体系

【实训目的】

1. 了解蒂蒙斯创业机会评价体系的主要内容。
2. 使大学生学会利用蒂蒙斯评价体系分析自身创业机会的可行性。

【实训流程】

流程 1 阅读蒂蒙斯创业机会评价体系概述

富兰克林·欧林创业学杰出教授杰弗里·蒂蒙斯提出有名的蒂蒙斯创业过程模型。蒂蒙斯创业机会评价体系，给我们提供了一套系统的评价框架和可量化的指标体系，可以帮助创业导师和创业者，科学深入地评价创业项目的可行性及其价值。

蒂蒙斯创业机会评价体系涉及行业和市场、经济因素、收获条件、竞争优势等八个方面的 53 项指标，通过定性或量化的方式，创业者可以利用这个体系模型对行业和市场问题、竞争优势、财务指标和致命缺陷等做出判断，以此来评价一个创业项目或创业企业的投资价值和机会。

蒂蒙斯创业机会评价体系主要适用于具有行业经验的投资人或资深创业者对创业企业的整体评价。该指标体系必须运用创业机会评价的定性与定量方法才能得出创业机会的可行性及不同创业机会间的优劣排序。蒂蒙斯创业机会评价体系及其项目内容比较专业，大学生创业者在运用时一方面要多了解创业行业、企业管理和团队资源等方面的经验信息，另一方面还要掌握这 50 多项指标内容的具体含义及评估技术。

蒂蒙斯创业机会评价体系是到目前最全面的评价指标体系，其主要是基于风险投资商的风险投资标准建立的，这与创业者的标准还是存在一定的差异。这些评价标准经常被风险投资家使用，创业家可以通过关注这些问题而受益。该评价体系要求使用者具备敏锐的创业嗅觉、清晰的商业认知、丰富的管理经验和系统的行业信息，要求也比较高。

流程 2　利用蒂蒙斯创业机会评价体系来分析自身创业机会的可行性

八大方面	实际情况
行业和市场	
能够实现的经济价值	
创业环境分析	
竞争优势	
竞争劣势	
团队管理的方式	
创业者所要达到的个人标准	
理想与现实的战略性差异	
备注	

流程 3　创业机会评估

通过分析创业机会的可行性，来评估创业机会本身所具有的特性，并针对这一特性，提出具体的方案。可从以下几个角度进行思考。

1. 创业机会潜在的优势：______________________________

____

2. 创业机会存在的不足：______________________________

____

3. 创业机会依据的现实条件：________________

____

4. 创业机会实现的可能性：________________

____

流程 4　总结

在对创业机会进行分析和评估的过程中，你认为最重要的是什么？请据此写出你的一些观点或看法。

【实训思考】

就你现在的情况来讲，你是如何看待创业机会的？

____

____

____

实训三　用 SWOT 法分析创业风险

【实训目的】

1. 掌握 SWOT 法分析创业风险的利弊因素。
2. 使大学生对创业风险有一定的了解，并学会如何去规避这些风险。

【实训流程】

流程 1　用 SWOT 法分析创业风险

通过利用 SWOT 法对创业风险进行分析，使大学生能够真正认识到创业风险及其利弊，能够从本质上去对待创业风险。

	创业风险
具有的优势（S）	
缺陷（W）	
所暗示的机会（O）	
潜在的威胁（T）	

流程 2　制定防范措施

以小组为单位进行讨论，通过对创业风险进行分析，来制定相应的防范措施。

1. 从行业环境角度：______

2. 从市场发展走向角度：______

3. 从影响因素角度：______

4. 从竞争指数角度：______

流程 3　总结并汇报

通过对创业风险进行分析，小组同学之间进行讨论，并撰写一篇有关创业风险不少于400 字的报告，选出一名代表，进行汇报。

______

【实训思考】

通过对创业风险进行分析，你学到了什么？

______

【案例思考】

世界首富保罗·格帝

他是一位不被当代人熟悉的世界首富，曾是垄断美国西部石油工业的商业巨人。他的油田跨欧洲、亚洲、非洲、美洲大陆，业务遍及石油、化工运输、贸易、金融。他就是这个油田帝国的国王——保罗·格帝。

格帝毕业后回到美国。当时的美国，由于在俄克拉荷马发现了大油田，举国上下都处于疯狂的采油狂热之中。格帝就在此时来到了这个“冒险家的乐园”。也是出于一种巧合，格帝找到了一块出租的地皮。他去查看了那块地，觉得可以一试。同样由于巧合，格帝得到了一家银行的帮助，筹措到了一笔资金，于是格帝开始了挖掘工作。

开始进展得并不顺利，日子一天天地过去，资金也一点点地减少，而一滴油的影子也没有找到。格帝实在有些泄气，连日的劳累和高度紧张，已经快让他发疯了。于是他回到了离工地最近的一座小城，委派他的一位朋友留在现场监督。

挖井的地方很偏僻，没有电话。朋友答应了他，第二天坐最后一班火车回来，把最新的结果通知他。第二天格帝在火车站足足等了一个多小时，那一个多小时对他来说犹如度过了一生。终于火车到站了，无数的分秒熬过后，朋友那熟悉的身影从车厢中出现，并且脸上笑眯眯的，格帝知道有好消息了。

“恭喜，保罗！”他叫起来，“今天下午你的井出油了，30 桶。”

格帝高兴极了：“一天 30 桶，一天 30 桶啊！”

朋友继续说：“每小时 30 桶啊！”格帝不禁惊呼起来。

这可不一样，完全不一样！这意味着那口井每天可生产 720 桶的原油！这也意味着他从此进入了石油业王国！格帝真是个幸运儿。挖出第一口油井后，他又挖到了好几口油井。新成立的格帝石油公司业务蒸蒸日上。他被选为公司董事长兼总经理，但这并不意味着他可以脱下工作服，换上西装。他即使有了新的头衔，也仍然夜以继日地在油田上工作。

后来，他又开始建造油轮，从事海洋石油运输，油轮的总吨位超过了 100 万吨。之后他在德拉瓦格帝公司建造了一座价值 2 亿美元的提炼厂。后来又在旧金山和丹麦各建立一座价值 6000 万美元的提炼厂，一天可炼 2 万桶石油。他的另一个提炼厂在意大利，一天可炼 4 万桶原油。

格帝的公司在洛杉矶、俄克拉荷马还有纽约市都有崭新的办公大楼，这些花了将近

4000 万美元。格蒂集团虽然拥有很大的公司和工厂，但仍在不断扩展，他们制定各种规划，发展新的产品，以及为旧的产品寻求新的用途。现在他们的公司仍在四大洲夜以继日地从事石油开采。

思考题：

1. 你认为格蒂获得如此大的成就，其根源是什么？

____

____

____

2. 通过阅读此案例，你从格蒂身上学到了什么？

____

____

____

3. 如果你是创业者，当遇到一些风险时，你会考虑哪些因素？该采取怎样的行动？

____

____

____

【案例分析】

案例一：马云是如何发现创业机会的

马云，中国企业家，阿里巴巴的创始人，被称为“创业教父”。自幼成绩不好的他考了三次才考入了杭州师院，他经常说：“如果我马云能够创业成功，那么我相信中国 80% 的年轻人都能创业成功。”下面，我们就通过马云的经历来看一下他是如何发现创业机会的。

大学毕业后，马云做了 6 年半的英语老师。期间，他成立了杭州首家外文翻译社，用业余时间接了一些外贸单位的翻译活儿，钱虽然没挣到多少，倒是闯出了一点名气。1995 年，“杭州英语最棒”的马云受浙江省交通厅委托到美国催讨一笔债务。结果钱没要到一分，倒发现了一个“宝库”——互联网，通过仔细的调查研究和自己实践考证，他发现互联网的发展前景十分可观。于是当即找了个学自动化的“搭档”，加上妻子一共三人，启动资金两万元，租了间房，就开始创业了。

马云的第一家互联网公司叫作“海博网络”，产品叫作“中国黄页”。由于口才很好，他不断在杭州街头推销自己这个“伟大”的计划。那时候，很多人还不知道互联网是什么，人们认为马云是骗子。对于这样的讥讽，马云并没有气馁，他坚信：“互联网能够改变全人类。”于是，他继续开展业务，事业也就在这样艰难的日子中慢慢发展了起来。

1996 年，马云的营业额不可思议地做到了 700 万元！也就是这一年，互联网渐渐普及开来，马云也受到了对外经济贸易部的注意，于是被邀去连同一起做项目，鉴于他对于 B2B 成熟的思路，业务量做得越来越大。此后，1999 年，中国的互联网市场已经进入了白热化状态，马云又开始创办“阿里巴巴”网站，带着全新的梦想和憧憬奋勇向前。不久之后，“阿里巴巴”网站在商业圈中声名鹊起，马云开始全球性演讲，在他的倡导下吸引了大量客户和投资商。

台湾人蔡崇信是全球著名的风险投资公司 Inve. tab 的亚洲代表，他听说“阿里巴巴”之后立即飞赴杭州要求洽谈投资，一番推心置腹地交谈之后，蔡崇信深感意气相投，于是辞掉自己原本的工作加入阿里巴巴。这一事件引起了华尔街的惊奇和震动，随后以华尔街高盛为首的多家公司毫不犹豫地向阿里巴巴投入了 500 万美元，国内投资商孙正义也投入了巨额资金。“阿里巴巴”拓展了自己的业务，正式进入全球商务的高端领域。

“阿里巴巴”创造的奇迹引起了国际互联网界的广泛关注，其发展模式与雅虎门户网站模式、亚马逊 B2B 模式和 eBay 的 C2C 模式并列，被称为“互联网的第四模式”。童话故事里的阿里巴巴开启宝库的咒语是“芝麻，开门吧！”那么，马云的咒语是什么？只要了解“阿里巴巴”的团队就明白了。“阿里巴巴”的管理层，绝对可以算得上是超豪华级阵容：执行副主席蔡崇信、CEO 张勇、CFO 武卫是它的“三大核心”；这里聚集了来自世界各地的网络精英，而且越来越多的哈佛大学、斯坦福大学、耶鲁大学的优秀人才正不断涌向阿里巴巴。

而尤为令人惊讶的是，长期以来，“阿里巴巴”从来没有人提出来要走，公司最初的创业者现在一个都不少。对此，马云还声称：“即便有四倍工资你都挖不走我的员工，不信你试试！”对其中的奥妙，马云说得很简单：“在‘阿里巴巴’工作 3 年就等于上了 3 年研究生，他将要带走的是脑袋而不是口袋。”简言之，“阿里巴巴”福利待遇优异，不论是买房免息还是员工食堂，都做得无微不至。

据了解，2018 年，阿里巴巴集团收入 2 502. 66 亿元，同比增长 58%，创下 IPO 以来最高增速；核心电商业务收入 2 140. 20 亿元，同比增长 60%，同样创下 IPO 以来年度最高增幅。

这得益于核心电商业务的强劲增长，以及过去对具长远增长潜力的项目所做的投资。随着阿里巴巴集团持续推进新零售战略，电子商务平台正在发展成为中国领先的零售基础设施。未来要加大技术开发、云计算、物流、数字娱乐和本地生活服务等方面的投资，以此带动中国及其他新兴市场的消费增长。

创业机会作为一种特殊的商业机会，是一种带有偶然性并能被经营者认识和利用的契机，具有创造超额经济利润的潜力。寻找商业机会的过程有可能像“踏破铁鞋无觅处”一样艰难复杂，也有可能只是“得来全不费工夫”的灵机一动，这都取决于创业者本身的想法与能力，这一点，马云似乎超常发挥，能有今天的成绩实属实至名归。

思考题：

1. 马云创业机会的选择带给了我们哪些启示?

2. 支持马云走到今天需要哪些因素做支撑?

3. 通过你对阿里巴巴的理解，你认为阿里巴巴未来的发展趋势有哪些?

总结分析：

（1）马云曾说过：“今天会很残酷，明天会更残酷，后天会很美好，但大部分人会死在明天晚上。”人们缺乏的就是那种持之以恒的韧劲和勇敢向前的动力，倘若能做到这两点，势必会取得绝佳的效果。

（2）马云曾说过：“我感谢这个变化的时代，我感谢无数人的抱怨，因为别人抱怨的时候，才是你的机会，只有变换的时代，才是每一个人看清自己有什么、要什么、该放弃什么的时候。”别人抱怨的时候，你却在努力，你的脚步就会比他们靠前一步，一步步地积累便形成了今天贫富差距的格局。

案例二：麦当劳瞄准细分市场需求

麦当劳作为一家国际餐饮巨头，成立于20世纪50年代中期，因当时创始人及时抓住高速发展的美国的工薪阶层需要方便快捷的饮食这一良机，并且瞄准细分市场需求特征，对产品进行准确定位而一举成功。

麦当劳的创始人是麦克唐纳兄弟，他们在家乡的路边开了一家小店，专门卖汉堡快餐。小店生意异常火爆，这种销售场面让一个名叫克拉克的人非常惊讶，他认为麦当劳是一个很好的生意，于是找到了麦克唐纳兄弟，建议他们多开一些分店。可是麦克唐纳兄弟对于现在的状况已经很满足了，没有时间和精力去经营更多的店铺。情急之下，克拉克决定自己加盟，并签署了加盟协议。自此之后，克拉克在麦克唐纳兄弟的基础上不断完善店面形象，建立了一套齐全的生产管理系统，依靠这个系统进行重复的复制，不断地建立新的连锁店，最终缔造了麦当劳这个食品快餐帝国。

现如今，麦当劳已经成长为世界上最大的餐饮集团之一，在百余个国家开设2.5万家连锁店，年营业额超过34亿美元。

回顾麦当劳公司发展历程后发现，麦当劳一直非常重视市场细分的重要性，而正是这一点让它取得了令世人惊羡的巨大成功。麦当劳根据地理、人口和心理等要素准确地进行市场细分，并分别实施相应的战略，从而达到企业的营销目标。

首先，麦当劳根据地理要素细分市场。麦当劳有美国国内和国际市场，而不管是在国内还是在国外，都有各自不同的饮食习惯和文化背景。麦当劳进行地理细分，主要是分析各区域的差异，譬如美国东部和西部的人喝的咖啡口味是不一样的。通过把市场细分为不同的地理单位再进行经营活动，从而做到因地制宜。每年麦当劳都要花费大量的资金进行认真、严格的市场调研，研究各地的人群组合、文化习俗等，然后书写详细的细分报告，以使每个国家甚至每个地区都有一种适合当地生活方式的市场策略。例如，麦当劳刚进入中国市场时大量传播美国文化和生活理念，并以美国式产品牛肉汉堡来征服中国人。但中国人爱吃鸡肉，与其他洋快餐相比，鸡肉产品更符合中国人的口味，更加容易被中国人所接受。针对这一情况，麦当劳改变原来的策略，推出鸡肉产品。在全世界从来只卖牛肉产品的麦当劳也开始卖鸡肉产品。

其次，麦当劳根据人口要素细分市场。人口细分市场主要是根据年龄、性别、家庭人口、生命周期、收入、职业、教育、宗教、种族和国籍等相关变量，把市场分割成若干整体。而麦当劳主要是根据年龄及生命周期对人口市场进行细分的，其中，将不到开车年龄的人群划定为少年市场，将 20～40 岁的年轻人界定为青年市场，还划定了老年市场。人口市场划定以后，要分析不同市场的特征与定位。例如，麦当劳以孩子为中心，把孩子作为主要消费者，十分注重培养他们的消费忠诚度。在餐厅用餐的小朋友经常会意外获得印有麦当劳标志的气球或折纸等小礼物。在中国，还有麦当劳叔叔俱乐部，参加者为 3～12 岁的小朋友，俱乐部会定期开展活动，让小朋友更加喜爱麦当劳。这便是比较成功的人口细分，抓住了该市场的特征与定位。

最后，麦当劳根据心理要素细分市场。根据人们的生活方式划分，快餐业通常有两个潜在的细分市场，即方便型市场和休闲型市场。在这两个方面，麦当劳都做得很好。例如，针对方便型市场，麦当劳提出“59 秒快速服务”，即从顾客开始点餐到拿着食品离开柜台的标准时间为 59 秒，不得超过一分钟。针对休闲型市场，麦当劳对餐厅店堂的布置非常讲究，尽量做到让顾客觉得舒适自由。麦当劳努力使顾客把它作为一个具有独特文化的休闲好去处，以吸引休闲型市场的消费群。

总体而言，麦当劳对地理、人口、心理要素的市场细分是相当成功的，不仅在这方面积累了丰富的经验，还注入了许多自己的创新，从而继续保持着餐饮霸主的位置。

思考题：

1. 麦当劳在进行市场细分时有哪些策略？
2. 麦当劳受众人群较广，这归功于麦当劳哪些服务准则？
3. 在当今快节奏社会中，麦当劳具有哪些优势？

总结分析：

（1）生活处处有磨难，关键在于自己心理是否承受得起。失败仅仅是无知时走的弯路，而并非走进了一条死胡同。

（2）无论身处何种境地，只要有热情、有眼光、有勇气，起步永远不算晚。成功就在脚下，宽广的路总是为那些自强不息、审时度势的人准备的。

案例三：沉着造就伟人——股神巴菲特的故事

在商界中敢闯敢拼固然重要，但在商界中选择适合自己的位置才更是明智之举，巴菲特就是这样的一位成功者。在面对风险和收益的取舍中，巴菲特会有一个匹配的比例来从最小的风险中获取最大的利润。一般情况下，只有平心静气，耐心等待，创业者才会越来越靠近胜利的彼岸。

巴菲特作为投资界的佼佼者，大多数人只看到了他的财富之多、投资回报之大，却很少能看到他在创业过程中所养成的种种优秀的品质，正是这些优秀的品质才使巴菲特奠定投资界“股神”的地位。巴菲特从最初的摆地摊到成为“股神”，这其中的传奇经历被世人所传唱，他的沉着冷静、努力拼搏、不好高骛远、诚信经营等创业品质也都值得我们学习。

沃伦·巴菲特，1930 年 8 月 30 日出生于美国，被称为华尔街的“股神”，他是靠股市暴富的世界第二大富豪。因为巴菲特的父亲霍华德曾从事证券经纪业务，所以巴菲特从小就受到熏陶，具有投资理念。巴菲特小时候很喜欢《赚到 100 美元的 1000 招》一书，他还参照书中的建议，和好友一起实践。五岁时，巴菲特就知道在家门口摆地摊兜售口香精，稍大后他又带领小伙伴到球场捡大款用过的高尔夫球，然后转手倒卖。

在他 11 岁时，他鼓动姐姐与自己共同购买股票，他们合资买了 3 股每股 38 美元的“城市服务公司”股票，他自信心满满地等待赚钱。然而不遂人愿，该股不断下跌，姐姐很气愤，埋怨他选错了股。但该股价格很快就反弹了，上涨到每股 40 美元，小巴菲特没能沉住气，将股票全部出手，赚了 6 美元。正当他得意的时候，该股价格狂升，姐姐又埋怨他卖早了。这是他第一次涉足股市，虽然赚得不多，但他从中吸取了经验，那就是：在股市中一定要不为震荡所动，相信自己的判断。

巴菲特在成长过程中不断地学习投资技巧，泡在费城交易所里研究股票走势图和打听内幕。然而如果巴菲特只是一直研究走势图和打听内幕消息，也许现在已经破产，或仍是一名散户而已，可贵的是他没有因为具有投资意识而停下学习的脚步，他申请到本杰明·格雷厄姆执教的哥伦比亚大学就读的资格。在哥伦比亚大学的学习中，巴菲特获益良多，他开始逐步形成自己的投资体系。1962 年，他将几个合伙人企业合并成一个“巴菲特合伙人有限公司”，成立一家私人投资公司。

创业之初，纽约证券市场处于熊市，巴菲特将主要精力用来开了一家制衣公司，小有积累。一段时间后，他毅然地回到股市中，因为他的兴趣是金融投资。他密切关注股市的动态，精心剔除“垃圾”股，还进行实地考察与分析比较。巴菲特有敏锐的市场眼光，比其他人先看到炒作的题材。虽然巴菲特对于投资总是有很高的敏感度，但他仍总是不断地提醒自己要谨慎。巴菲特曾提到：“我工作时不思考其他任何东西。我并不试图超过七英尺高的栏杆，我到处找的是我能跨过的一英尺高的栏杆。”

1968 年，巴菲特公司的股票取得了它历史上最好的成绩，其中巴菲特的个人资产已经达到 2 500 万美元。可一路飙升的股价并没有使巴菲特冲昏头脑，他坚信别被收益蒙骗。1968 年 5 月，巴菲特宣布清算公司几乎所有的股票。1969 年，美国的股市就直线下降，最终演变成股灾，美国的经济进入了滞胀时期。巴菲特在庆幸与失落双重矛盾心情的夹杂中又看到了新的商机——太多便宜的股票。巴菲特的投资哲学中首要的一点就是：记住股市大崩溃，即要通过稳健的策略来进行投资，确保自己的资金不受损失，并且要永远记住这一点。

在这次股灾中，巴菲特虽然无法预测股市，但他知道要控制自己。20 世纪 60 年代，电子股风靡华尔街。时势造英雄，当时确实有些基金经理因投资电子股而使得成绩远胜于巴菲特。巴菲特却置身于这种投机之外。他认为：“如果对于投资决策来说，某种我不了解的技术是至关重要的话，我们就不进入这场交易之中。我对半导体和集成电路的了解并不多。”所以在当时巴菲特没有卷入电子股的投机浪潮；正像多年后的今天，巴菲特也没有卷入互联网的狂热之中一样。

在商界打拼的巴菲特总结了一套自己的投资经营理念，并始终坚持着自己的信念，创造出了许多投资神话。其中包括 1980 年巴菲特买进可口可乐股份，投资 13 亿美元，营利 70 亿美元；政府雇员保险公司，投资 0.45 亿美元，营利 70 亿美元；投资吉利 6 亿美元，营利 37 亿美元等。

2007 年 3 月 1 日，被称为“股神”的沃伦·巴菲特的投资公司——伯克希尔·哈撒韦公司公布了其 2006 财政年度的业绩。从数据中可以看出，伯克希尔公司利润增长了 29.2%，营利达 110.2 亿美元（高于 2005 年同期的 85.3 亿美元）；每股营利 7 144 美元（2005 年为 5 338 美元）。这组数据让人看后不禁咋舌，是什么样的投资头脑、投资理念使得巴菲特如此成功？

2018 年，沃伦·巴菲特以净资产 840 亿美元列“福布斯全球富豪排行榜”第三位。

思考题：

1. 自幼受投资熏陶颇深的巴菲特是如何开始投资旅程的？
2. 巴菲特的哪些性格特点值得人们学习？
3. 通过阅读本文，你认为“股神”的成功需要哪些条件做支撑？

总结分析：

（1）你的最大资产就是你自己，对你自己投资是你能做到的最好的投资。每个人生下来都具有某种禀赋。如果你觉得自己完全没有任何禀赋，那么你就不会在这个社会获得成功。

（2）不要炫耀，要保持真实的自我，做你认为自己该做的事情，并且享受你所做的事情。改变命运的智慧宝典，让你拥有非凡的人生，不要被眼前的利益所控制。

专题七 创业资源整合

实训一 创业资源知识竞答

【实训目的】

1. 了解创业资源的内涵与种类。
2. 区分创业资源与一般商业资源。
3. 拓展创业资源知识。

【实训流程】

流程 1 建立多个小知识团队

针对创业资源内容模块，将班级同学分组，组成知识小团队，并为每个团队起一个队名。

序号	队名	队员
1		
2		
3		
4		
5		

流程 2 资料收集

请各组成员阅读教材或网上搜索，寻找与创业资源有关的资料，将收集到的关键资料的概要记录在下面。

流程 3 归纳整理

进一步整理资料，将部分资料进行分类，归纳为以下内容要点。

创业资源的内涵

创业资源的种类

创业资源与一般商业资源的区别

各种资源在创业中的具体作用

影响创业资源获取的因素

创业资源的其他知识

流程 4　阅读知识竞答规则，并准备题目

知识竞答规则及准备如下：

第一轮竞答：老师准备关于创业资源的各种题型，统一竞答。

第二轮竞答：由各组分别出 3 道题，提问其他组。

选出两名不参与竞答的成员，负责比赛过程和结果记录。其中，每队每抢答对一题加 10 分，抢答答错不加分，最后分数最高的队为竞答第一名。

各小组出题：

1. ______________________________

____

____

2. ______________________________

____

____

3. ______________________________

____

____

流程 5　开展知识竞答

按以上规则开展竞答，记录竞答过程，计算各个队员回答题目数量并统计对应得分情况。

队名	各队员回答题数统计	得分情况	总分
	队员 1： 队员 2： 队员 3：	队员 1： 队员 2： 队员 3：	
	队员 1： 队员 2： 队员 3：	队员 1： 队员 2： 队员 3：	
	队员 1： 队员 2： 队员 3：	队员 1： 队员 2： 队员 3：	

续表

队名	各队员回答题数统计	得分情况	总分
	队员 1： 队员 2： 队员 3：	队员 1： 队员 2： 队员 3：	
	队员 1： 队员 2： 队员 3：	队员 1： 队员 2： 队员 3：	

流程 6　竞答总结

每个人针对创业资源的知识竞答做一份总结报告，分析自己在竞答时的表现，如自己的收获与不足等。

我的总结报告

【实训思考】

关于创业资源，你认为最重要的是什么？你会如何进一步去拓展这方面的知识？

____

____

____

____

实训二　调研创业资源获取途径

【实训目的】

1. 了解获取创业资源的重要性。
2. 认识创业资源的获取途径。
3. 掌握创业资源获取的技能。

【实训流程】

流程 1　选择调研对象

请通过询问老师或上网查阅，了解当地有哪些大学毕业生创业公司。在这些公司中，选出一家经营良好的公司作为调研对象。

当地大学生创业公司：   选择的调研对象：   该公司发展历史概况：

流程 2 调查该公司核心创业资源种类

请与该公司的管理层说明你的沟通目的，与其交流后，了解目前公司在创业中需要的核心创业资源是什么，并将其记录在下面的横线上。

核心创业资源：

____

____

____

____

____

流程 3 了解创业资源获取过程

请进一步访问公司管理层相关人员，了解获取这些核心创业资源的过程，咨询获取创业资源时的考虑因素以及具体如何获取创业资源，并将主要观点记录下来。

该公司获取创业资源时的考虑因素：

1. 内部因素

____

____

____

____

2. 外部因素

____

____

____

____

该公司获取创业资源的具体过程：

____

____

____

____

____

____

____

____

____

流程 4　总结获取创业资源的途径

请根据以上记录，分析总结该公司获取创业资源的途径。

资源获取来源：

____

资源获取方式：

____

资源获取技能：

____

【实训思考】

你在创业资源获取方面有哪些启示？你平时用哪种方式来获取某种资源？尝试想出更多方式。

实训三　分析创业资源整合思路

【实训目的】

1. 了解创业资源整合的价值。
2. 认识创业资源整合思路。
3. 树立最大化利用创业资源的意识。

【实训流程】

流程1　阅读材料

有一个人是做中国港澳旅游线路的，但是刚开始创业时，遇到金融危机，各方面资源都非常短缺。就在这时，他推出了一个非常棒的项目，从此，他的创业开始走上了上坡路。

这个项目就是从深圳口岸出发，珠海散团港澳4天3晚的豪华旅游只需要一两百人民币。他的所思所想及主要措施如下：

（1）由于从深圳出发，所以大部分游客都是从其他城市飞深圳，如果让旅游公司订机票，则旅游公司可以从中返点。

（2）游客到了深圳要住宿，游客可以自己订房也可以委托旅游公司订房。如果旅游公司订房，不但价格优惠，还可以返点。

（3）当时受金融危机影响，港澳旅游及消费下降了30%～40%，港、澳特别行政区政府为了拉动经济，推出了奖励计划。若有能组织内地游客进港的，根据不同城市给予0～1000元人民币不等的补助。广东、广西、海南、福建的就近游客不予补助，而东北三省则补助1000元，其他地方各有价值不等的补助，这就帮他们分担了一大笔成本。

（4）找到共同收益的免税商店。免税商店提供游客在港的旅游用车，并且游客在免税商店购物时给予返点，于是在降低成本的同时增加了收入。

（5）去景点游玩，门票是由旅游公司出的，但到了景点后，里面一些自由选择的景点由游客自行消费，如果游客有消费，旅游公司则有返点。

（6）整合澳门的赌场。澳门赌场能免费提供游客在澳门的吃住，因为澳门本地的支柱产业之一就是赌场，赌场为了增加客流，根据旅行社带去的游客多少还能按人头返点。

（7）离开澳门，到了珠海，旅行社只要把游客带到房地产公司的售楼处，售楼处不仅有咖啡、好茶接待，还会赠送游客小礼物。这对房地产公司是很好的宣传，口碑带来的益处也是无限的，因此，房地产公司还会按人头给旅行社提成。

（8）如果继续选择旅游，则旅游公司帮游客在珠海订房，宾馆给旅游公司返点。

（9）帮订机票，机票再返点。

（10）最大、最长久的赚钱之处是这些游客在港澳旅游时的消费数据及分类。如果某一位游客买了一块价值 40 万元的手表，那么这个游客可能就是所有高档奢侈品的潜在客户，这个客户的联系方式就是一个重要的高价值数据。如果你手头有几千个这样的客户，你就可以帮那些高档奢侈品公司宣传新推出的产品，这样可以长久赚钱。

流程 2　分析材料

根据以上材料，想一想谁是赢家？请分析当时这个人有什么资源，没有什么资源。其在资源整合时，具体整合到了哪些资源？他是如何做到的？

谁是赢家，为什么
他本来就有的资源
他缺乏什么资源
他整合到的资源
他的整合措施

流程 3　总结整合思路

这个人在资源整合时，经历了哪几个重要步骤？你能总结出资源整合的重要思路吗？请写出来，你也可以按以下思路进行思考。

参考思路：

1. 他是否具有明确的目标？
2. 他是否具有达成这个目标必备的资源？
3. 他是否了解自己已经具备什么资源？
4. 他是否知道自己还缺什么资源？
5. 他是否明白自己所缺的资源在谁手里？
6. 他是否知道如何将缺少的资源整合回来？

创业资源整合思路

【实训思考】

你认为资源整合有什么价值？你身边有哪些创业资源可供开发利用，从而实现“以小搏大”？

____

____

____

____

牛根生的创业资源整合

牛根生刚开始只是伊利的一个洗碗工，凭着自己的勤奋和聪明做到生产部总经理。后来因各种原因辞职了，但是他那个时候都40多岁了，去北京找工作，人家嫌弃他年纪大。没有办法他又回到呼和浩特，邀请原来伊利的几个同事，一起出来创业。人有了，但是现在面对的是：没有奶源、没有工厂、没有品牌，每一项都是致命的。

牛根生开始资源整合了。他通过人脉关系找到哈尔滨一家乳制品公司，这家公司设备都是新的，但是生产的乳制品质量有问题，同时营销渠道这一块也没有打通，所以产品一直滞销。牛根生马上找到这家公司的老板说：“你来帮我们生产，我们这边都是伊利技术高层，可以技术把关，牛奶的销售铺货我们也承包了。”这位老板一听，马上答应下来。

第二个问题，没有品牌怎么办？在乳制品这个行业，没有品牌很难销售，因为品牌代表着安全可靠。借势，整合，牛根生把自己和内蒙古的几个知名品牌联系起来，打出口号：“伊利，鄂尔多斯，宁城老窖，蒙牛为内蒙古喝彩!”因为前三个都是内蒙古驰名商标，自己放在最后，给人的感觉就是内蒙古的第四品牌。牛根生整合品牌资源。迅速让蒙牛没有花一分钱，却成为国内知名的品牌。

第三个问题。没有奶源怎么解决？牛根生整合了三方面的资源，第一个农户，第二个农村信用社，第三个是奶站的资源。用信用社的借钱给奶农，蒙牛担保，而且蒙牛承诺包销路。奶牛生产出来的牛奶由奶站接收。蒙牛按时把信用社的钱还了，把利润又给了奶农，趁机喊出一个口号：“一年养 10 头牛，过的日子比蒙牛的老板还牛。”

牛根生的故事告诉我们，很多事情即使自己努力做也很难做好，而且会花费太多的人力物力，这个时候，我们就要整合资源。发挥自己的长处，整合别人的优势，用更少的成本创业，或者说零成本创业都有可能。

思考题：

1. 从牛根生的资源整合中，你得到哪些启发？

____

____

____

2. 上述案例提到了哪几种资源？请列举出来。

____

____

____

3. 牛根生是如何进行资源整合的？为什么会成功？你对此有什么看法？

____

____

____

【案例分析】

案例一：阿里巴巴融资案例

从 1999 年成立到 2014 年美国上市，阿里巴巴一共融资 8 次。

第一次融资，来自高盛的 500 万美元。1999 年 10 月，蔡崇信利用在高盛的旧关系，引来了由高盛公司牵头，联合美国、亚洲、欧洲一流基金公司（瑞典 AB 投资公司、新加坡的 TDF 基金），向阿里巴巴投资 500 万美元。此次投资不仅解了企业当前的燃眉之急，而且成功地把阿里巴巴推向海外资本市场，进入一线投资人的视野。

第二轮融资，以孙正义领投 2 000 万美元为首的 2 500 万美元融资。2000 年，马云为阿里巴巴引进第二笔融资，2 500 万美元的投资来自软银、富达、汇亚资金、新加坡 TDF、瑞典 AB 投资 6 家风险投资企业，其中软银投入 2 000 万美元，阿里巴巴管理团队仍绝对控股。起初，孙正义想投 3 000 万美元，占 30% 的股份，但最终以软银 2 000 万美元、富达等 500 万美元告终。

第三轮融资，以“干掉 eBay!”为口号的 8 200 万美元融资。淘宝打败 eBay 的法宝，除了“免费策略”，还有支付宝与淘宝旺旺，其中，前者解决了买卖双方的诚信问题，这是互联网世界里最难建立的要素；后者允许买卖双方直接沟通和联系，符合中国人的购物习惯。收费的 eBay 担心买卖双方甩开平台独立交易，免费的淘宝却愿意鼓励双方沟通，这更符合中国人的消费心理和习惯。经过激战，不到两年，也就是 2005 年前，淘宝就超越了易趣，成为行业领先者。第三轮融资后，马云及其创业团队仍然是阿里巴巴的第一大股东，持股比例为 47% 股份；第二大股东为软银，持股比例为 20%；富达的持股比例 18%；其他几家股东合计 15%。

第四轮融资，用来解决老问题、带入新问题的 10 亿美元融资。2005 年 8 月，雅虎以 10 亿美元和雅虎中国的资产，换取了阿里巴巴 40% 的股权，这次股权交易为阿里巴巴提供了强力的资金支持，利用这笔资金，阿里巴巴旗下的淘宝网、支付宝迅速做大，并成功渡过了 2008 年的金融危机，奠定了阿里巴巴日后在中国互联网中的“显赫地位”。但这一交易的代价便是，马云及创始团队，让出阿里巴巴第一大股东的地位。期间规定：虽然雅虎持有 40% 的股权，但将其 5% 的投票权委托给马云团队，直到 2010 年 10 月，以确保马云在股东会的控制权；阿里巴巴董事会，马云团队有两位董事，雅虎和软银各占一位，但 2010 年 10 月后，雅虎可以有两位董事；在 2010 年 10 月前，在任何情况下，董事会不得解除马云的阿里巴巴 CEO 职位。这标志着：在 2010 年 10 月之前，马云团队的控制权基本上不会被挑战了。

第五轮融资，阿里巴巴 B2B 公司香港上市，融资 15 亿美元。2007 年 11 月 6 日，全球最大的 B2B 公司阿里巴巴在香港联交所正式挂牌上市，融资 15 亿美元。在此次全球发售过程中，阿里巴巴共发行了 8.59 亿股，占已发行 50.5 亿总股数的 17%。按收盘价估算，阿里巴巴市值约 280 亿美元，超过百度、腾讯，成为中国市值最大的互联网公司。这标志着，上市前其他风险投资商基本被“清场”，阿里巴巴进入马云、雅虎、软银的“三足鼎立”时代。

第六轮融资，2011 年 9 月，阿里巴巴向美国银湖、俄罗斯 DST、新加坡淡马锡以及中国的云峰基金融资近 20 亿美元。按照当时的融资计划，所有符合条件的阿里巴巴集团员工，均可以按照自己的意愿以每股 13.5 美元的价格将所持有的集团股权按照一定比例上限出售，从而获得现金收益。

第七轮融资，以“铆足劲”之势收雅虎股份，共融资 43 亿美元。2012 年 8 月，为了支付回购雅虎持有股份所需的 76 亿美元，除了商业贷款以外，在 2012 年阿里巴巴私有化和回购雅虎股份中，国家开发银行都给阿里巴巴提供了 10 亿美元的货款。阿里巴巴向一系列 PE 基金和主权财富基金出售了 26 亿美元的普通股和 16.88 亿美元的可转换优先股。其中，普通股的价格为每股 15.5 美元，可转换优先股价格为每股 1000 美元。由中投、中信资本、博裕资本、国开金融等机构构成的国家队成为阿里巴巴的新股东，银湖、DST、淡马锡分别进行了增持。

第八轮融资，阿里巴巴在美国成功上市，成为美国股票市场有史以来最大的 IPO，首个交易日总市值达到 2 285 亿美元。2014 年 9 月 19 日，阿里巴巴在美国纽约证券交易所正式挂牌交易，股票交易代码“BABA”。按照其 68 美元 ADS 的发行价计算，其融资额约 220 亿美元，超越 VISA 上市时的 197 亿美元，刷新了美国市场的 IPO 交易记录，成为美国股票市场有史以来最大 IPO。首个交易日，阿里以 92.70 美元开盘，高出发行价 36.32%，总市值达 2 285 亿美元，富可匹敌 100 多个国家的 GDP。

思考题：

1. 融资具有极高的风险性，阿里巴巴是如何做到吸引投资人前来投资的？

2. 企业融资需要承担哪些风险？如何能做到规避这些风险？

3. 通过阅读本文，你认为阿里巴巴这几次融资的精髓是什么？

总结分析：

（1）阿里巴巴成功带给我们的启示：不谈成功，谈坚持；不谈慈善，谈责任；不谈财富，谈共享；不谈人生，谈胸怀。

（2）阿里巴巴的成功告诫我们：我们挖掘市场机会时，需要拥有独特的眼光和勇于创新的精神，要抢在别人的前面掌握潜在市场。

案例二：Uber 的资源整合

倘若有人问：“现在谁是全球出租车司机的‘头号公敌’?”那么答案一定非 Uber 莫属。尽管当前 Uber 的主要业务是叫车服务，但其正在努力打造一个运输生态圈。在美国，Uber 已推出同城快递服务 Uber Rush，用户可以像叫车一样叫快递，由 Uber 司机将物品派送到目的地，用户可以看到物品预计到达时间和实时位置，这一切看起来都如此眼熟。Uber Rush 利用 Uber 采用的商业模式和技术，只是将“送人”变为了“送物”。在运输过程中，Uber 快递员有可能使用徒步或自行车等方式，但其核心并没有实质性的改变。如果这一业务能得到市场认可，就会成为 Uber 的另一主要业务。

除了 Uber Rush 外，Uber 还在美国推出 Uber Essential 和 Uber Eats 等服务，涉及日常用品送货、送餐等领域。Uber 通过技术手段将碎片化的需求与碎片化的供给连接起来，使整个社会资源得到整合。在提高效率的同时，也使参与者从中受益。无论是有生命的人还是无生命的物，只要有移动的需求，Uber 都可以将其纳入自己的业务。

Uber 的本质就是整合闲置的社会资源，利用其创造价值。但 Uber 在整合过程中面临的难以逾越的障碍就是“人”。任何交通工具都需要人驾驶，只有当人和交通工具都有闲时，才能成为可利用的资源，这就大大降低了资源的可利用性。如果交通工具能摆脱人的束缚，自动行驶，那将极大提升资源利用率、降低成本。

目前，Uber 开始与卡耐基梅隆大学展开合作，共同开发汽车自动驾驶技术。未来只要是处于闲置状态的自动驾驶汽车，都可以成为 Uber 整合的资源，司机将不再成为制约资源利用率的因素。剔除了司机成本后，坐 Uber 专车的费用将进一步降低，同时还能避免可能存在的不安全因素。或许有一天，租车会比自己拥有一辆汽车更加方便、实惠。如果真有这么一天，Uber 将在很大程度上改变人们对私有财产的观念。

Uber 似乎想告诉用户，Uber 不仅仅是专车，还可以进入其他领域，找工作、找对象和购物等都可以通过 Uber 来完成，并精心设计了一系列营销活动，贴心地给出了示范。在 Uber 司机中流传着这样一个故事：一个曾在某电视台做记者的人后来开创了一家互联网公司，他经常在 12 点后作为一名 Uber 司机在中关村等活儿，在接了 6 个人后，成功地招到了现在的技术总监；后来又在北京南站等活儿，谈成了多单生意。姑且不论故事真伪，有一点可以说明，只要肯动脑筋，Uber 远不止是专车这么简单，还可以承担很多其他功能，甚至更加快捷、有效。

Uber 的模式能够颠覆多少行业，我们无法给出一个准确的数字，但可以肯定的是，Uber 模式如果推广开来，那将对众多行业产生颠覆性影响。

其一，Uber 一直以用户为中心。对于乘客，最大的需求是低成本地坐车从 A 地到 B 地，并要保证能及时叫到车，但这仅靠出租车是难以满足的。Uber 突破传统，建立了一个连接乘客与私家车司机的信息平台，实现随时叫车服务。Uber 省去了传统出租车公司的大量费用，所以乘坐 Uber 专车要比传统出租车更便宜。

此外，在 Uber 用户中不乏高端人士，他们对用车的需求远不止移动这么简单，汽车的档次与驾车人的服务质量都是关注的焦点。然而，传统出租车行业受制于统一管理，难以为乘客提供个性化的高端服务。Uber 通过对私家车分类、对司机培训和评价等多种方式，组建了一支能提供高端服务的队伍。

其二，Uber 拥有强大的数据技术支持。无论是系统的自动派单，还是在交通高峰期溢价数额、司机奖励等，都离不开大数据的支持。没有对数据的收集、存储和分析的技术，很难想象 Uber 能取得如此大的成功。

Uber 通过对社会资源的整合，引导提供者为需求者提供高质量的服务。就本质而言，这是一种 C2C 模式，适用于个人对个人的服务。除了乘车、快递外，还可以应用于教育、医疗、法律、财务和咨询等许多行业。它为提高社会资源利用率、创造新价值提供了可能，并对现有的商业模式产生了巨大的冲击。

思考题：

1. Uber 为强化自身的多元化功能做出了哪些努力？

2. 通过阅读本文，你认为 Uber 的整合模式是怎样的？

3. Uber 为何能创造出如此成功的模式，甚至具有颠覆行业的力量呢？

总结分析：

（1）企业要想壮大自身实力，单一的功能显然不能满足人们多元化的成长需求，要不断研发新的模式、新的模块，才能尽可能多地吸引客户的目光。

（2）Uber 的资源整合模式值得我们借鉴，我们要从中汲取积极的养液，尽最大努力实现创业规划，完善企业内部功能，达到预期效果。

案例三：Facebook 内部的资源整合

Facebook 诞生于 2004 年 2 月 4 日，其创始人马克·扎克伯格（Mark Zuckerberg）曾是哈佛大学的学生。最初，Facebook 仅限于哈佛的本科生注册，在之后的两个月内，Facebook 的可注册用户扩展到了波士顿地区的其他高校和所有常春藤名校。2004 年 9 月，Facebook 获得了 Peter Thiel 提供的约 50 万美金的天使投资。同年 12 月，Facebook 的用户数已经超过 100 万。由于用户数的飞速增长，更多投资机构看好 Facebook 的发展，2005 年 5 月，该公司又获得了 Accel Partners 1 270 万美元的风险投资，并于同年 8 月 23 日从 About Face 公司手中以 20 万美元购得 facebook. com 域名，网站也在此时进行了重大改进和调整。2006 年 9 月起，Facebook 不再限制必须是学生用户才能加入，任何年龄段的人都可以通过其电子邮件账号加入 Facebook 的网络中。

2007 年 5 月 10 日，Facebook 宣布了一个提供免费分类广告的计划，该计划于 5 月 14 日上线。当月，Facebook 还推出了允许第三方软件开发者在 Facebook 网站运行应用程序的应用编程接口（API），即 Facebook 开放平台（Facebook Platform）。同年 6 月，Facebook 与 iTunes 达成合作协议，为用户提供免费音乐单曲下载。根据 2009 年 3 月 9 日出版的《财富》杂志报道，现在 Facebook 总用户已达到 1.75 亿，其中 70% 以上的用户不是美国人，而且大部分用户都在使用其母语阅读。最近一段时间增长最快的用户是 55 岁以上的女性用户，自 2008 年 9 月以来增加了 175%。现如今，Facebook 的使用者已经远不再局限于年轻人或学生，相当数量的中年人也加入了 Facebook 的用户行列。

值得一提的是，这个网站的黏性是创始人扎克伯格创建最初计划的重要部分，Facebook 可以看成是现实生活中人际关系的网络版本。在实际生活中，人们和朋友面对面聊天，一聊就是几个小时，和朋友或家人一起分享照片，加入各种各样的社团或俱乐部。这一切都被 Facebook 以数字形式搬到了互联网虚拟社区之中，并让人感觉到在网络上做这些事情更加便利。

其次，我们再来看一下 Facebook 的功能。作为互联网上最大的虚拟社区，其一方面满足了彼此认识但无法见面的人之间了解近况的需要，如曾经的同学与同事；另一方面，通过 Facebook，还可以让不同类型的人们找到与自己志趣一致或年龄和生活方式类似的群体，并能够使人们获得同类型群体的生活状况，以及其他相关信息。此外，虚拟社区还在一定程度上满足了人们在现实社会中可能无法被满足的交友渴望与交友需求，因此也被视为一个交友工具。Facebook 的典型功能包括以下几个方面。

（1）墙。Facebook 中的墙可以看成是用户档案页上的一个专属留言板。用户墙上的留言板有交流的功能，其他用户可以通过墙留下信息。当然，不希望他人看到的信息交流可通过发送到用户个人信箱的“消息”进行。不仅如此，用户还可以在墙上粘贴附件，墙是 Facebook 中最为基础的交流方式。

（2）礼物。Facebook 中的礼物功能于 2007 年 2 月正式上线，用户可以彼此赠送礼物并附上一条短消息，所送的礼物可以从 Facebook 的虚拟礼品店选择。另外，在用户墙的上方还有一个“礼盒”，用户收到的所有礼物都在礼盒中。赠送礼物的朋友名字是否被公开取决于赠送者是否采取“匿名”的方式送礼。Facebook 的礼物中相当数量为限量版，而且需要用户花钱购买。显然，礼物这一功能成为虚拟社区中沟通和增进感情的一种首选方式。

（3）开放平台上的多彩应用。2007 年 5 月，Facebook 推出了开放平台。在这个框架中，第三方软件开发者可以开发与 Facebook 核心功能集成的应用程序。一系列非常有趣的应用，如“顶级朋友”“我喜欢”等相继呈现。随着社区网站的发展，相应的小游戏也进入社区游戏 2.0 阶段。Facebook 游戏公司 Playfish 首席运营官 Sebastien de Halleux 表示，Facebook 等社区游戏平台“应当具有极高的参与度和娱乐性，能够帮助用户找到新的好友”。

通过互联网虚拟社区中吸引人的各种应用聚集人气，进而通过发布分类广告赚得收入是 Facebook 的主要收入来源。Facebook 的广告计划 Facebook Ads 包含三大部分：广告投放者能够创建自己的网页、面向特定社区用户精准投放广告、有限度地访问该网站数以千万计的用户相关资料。这意味着广告投放者能够设计包含信息、内容、定制应用软件的定制网页，而且 Facebook 用户可以申请成为该品牌的追随者，安装该厂商提供的定制应用软件。当 Facebook 用户访问广告投放者在 Facebook 上的网页时，就会传播该企业相关的产品信息。

除此之外，向好友发送诸如饭店评论、最喜爱乐队和通过网络购买的 DVD 或图书相关的信息，也成为 Facebook 用户乐于分享的内容，而广告客户投放的广告将显示在这些通知信息中。扎克伯格表示：人们总是互相影响。对于任何人来说，来自信任好友的推荐更具影响力。通过 Facebook 的新广告计划，广告客户可以有针对性地调整自己的受众。

Facebook Ads 是通过对社交网络中同类人行为的分析，对人与人之间的关系进行深入解析，从而将志趣相同、具有类似偏好消费行为的用户和所需产品精准匹配，因此 Facebook 在社交网络中实现了好友关系的商业挖掘。显然，Facebook Ads 极有望成为网络经济条件下营销的新媒体，并会对网络营销的未来发展带来深远影响，Facebook 也将与零售商开展更深入的合作，获取更多的收入。

2019 年，Facebook 已经发展到第 15 年，用户群正向中老年人延伸。扎克伯格的最终目标是希望 Facebook 成为所有地球居民的标准通信和交易平台，像电话一样普及、平常，但比电话更具互动性和多维性，且更加不可或缺；用户在 Facebook 上的用户名将是其进入数字世界的入口。他曾说：“我们认为，如果你能够构建一个世界性的平台，通过这个平台，人们可以输入一个人的名字，找到你想找的人，跟他交流。这将是一个非常有价值的东西。”当然，在实现这个愿望的背后，必然有其能够大量获利的基础，这个基础就是 Facebook 本身就是一个庞大的数据库。

思考题：

1. 第一次天使投资对 Facebook 走向成熟有哪些作用？

2. Facebook 的典型功能有哪些？它们发挥了怎样的效用？

3. Facebook 为何会受到大众的追捧？它的成功秘诀是什么？

总结分析：

（1）Facebook 凭借病毒式的口碑传播吸引用户群体后，又通过丰富插件应用来维护，开展精确的广告营销是企业发展的不竭动力。

（2）Facebook 之所以能够走过漫长的 15 年，靠的是一个强大的企业团队，团队的强大源自文化的导入和内在完善系统的支撑。

专题八　建立商业模式

实训一　研究商业模式设计思路

【实训目的】

1. 认识商业模式的构成要素。
2. 了解商业模式设计思路。

【实训流程】

流程 1　搜集资料

班级成员分成若干小组，每个小组成员对商业模式的基本理论进行整理复习，然后继续搜集有关商业模式设计思路的相关资料，将重点资料进行提炼总结，记录在方框内。

流程 2　理解并记录

根据所搜集的资料，把你对商业模式设计的理解记录下来。

流程 3　访谈创业者

在以上理论学习的基础上，请各个小组分别寻找一个成功的互联网创业者进行访谈，了解其商业模式的设计思路，每个小组成员记录对此的新理解。

访谈对象：

访谈时间：

访谈地点：

访谈提纲：

访谈内容记录：

你的新理解：

____

____

____

流程 4　小组交流

小组间根据访谈结果进行讨论、交流，汇总每个小组的收获。

____

____

____

____

____

____

流程 5　自我总结

对比你在访谈前后对商业模式设计的理解，总结自己在哪些方面的理解有欠缺，哪些方面有新的看法。在总结收获与不足之后，请制定出未来你对商业模式新的研究方向。

你的收获：   你的不足：   新的研究方向：

【实训思考】

你知道的优秀商业模式有哪些？你认为在商业模式设计环节中，有哪些值得注意的地方？其中最重要的是什么？请与你的小组成员进行交流。

____

____

____

____

____

____

____

____

实训二　绘制商业模式画布

【实训目的】

1. 理解商业模式画布内容。
2. 学会制作商业模式画布。

【实训流程】

流程 1　阅读并理解商业模式画布内容

商业模式画布涵盖了商业的 4 个主要方面，分别是客户、提供物（产品/服务）、基础设施和财务生存能力，具体可分为 9 个模块。

（1）客户细分

客户细分模块用来描述一个企业想要接触和服务的不同人群或组织。该模块主要解决以下问题：

①我们正在为谁创造价值？

②谁是我们重要的客户？

③客户请我们完成什么工作？这些工作对客户有什么好处？

（2）价值主张

价值主张模块用来描绘为特定细分客户创造价值的系列产品和服务。该模块主要解决以下问题：

①我们应该向客户传递什么价值？

②我们正在帮客户解决哪一类难题？我们正在满足哪些客户的需求？

③我们正在为客户细分群体提供哪些系列的产品和服务？

（3）渠道通道

渠道通道模块用来描绘公司如何共同沟通接触其客户细分群体，传递其价值主张。该模块主要解决以下问题：

①通过哪些渠道可以接触我们的客户细分群体？我们应该如何接触他们？

②如何整合我们的渠道？

③哪些渠道最有效？

④哪些渠道的成本效益最好？

⑤如何把我们的渠道与客户的例行程序进行整合？

（4）客户关系

客户关系模块用来描绘公司与特定客户细分群体建立的关系类型。该模块主要解决以下问题：

①每个客户细分群体希望我们与之建立和保持何种关系？

②哪些关系我们已经建立了？这些关系成本怎么样？

③我们的工作会给哪些群体带来更大好处？

④我们与客户的关系是可持续性的还是一次性的？

⑤如何将客户关系与商业模式的其余部分进行整合？

（5）收入来源

收入来源模块用来描绘公司从每个客户群体中获取的现金收入（需要从创收中扣除成本）。该模块主要解决以下问题：

①什么样的价值能让客户愿意付费？

②他们现在付费买什么？

③他们是如何支付费用的？

④他们更愿意如何支付费用？

⑤我能从哪些地方获得收入？每个收入来源占总收入的比例是多少？

（6）核心资源

核心资源模块用来描绘商业模式有效运转所必需的最重要的因素。该模块主要解决以下问题：

①我们拥有什么核心优势？

②我们的价值主张需要什么样的核心资源？

③我们的渠道通路需要什么样的核心资源？

④我们的客户关系怎样？

⑤我们的收入来源如何？

（7）关键业务

关键业务是为了确保商业模式可行，创业组织必须做的重要的事情。该模块主要解决以下问题：

①我们的价值主张需要哪些关键业务？

②我们的渠道通道需要哪些关键业务？

③我们的客户需要哪些关键业务？

④我们的合作伙伴需要哪些关键业务？

（8）重要合作

重要合作模块是让商业模式运转所需的供应商和合作伙伴的网络。该模块主要解决以下问题：

①谁是我们的重要伙伴？

②谁是我们的重要供应商？

③我们正从合作伙伴那里获取哪些核心资源？

④合作伙伴执行了哪些关键业务？

（9）成本结构

成本结构是用来描绘运营一个商业模式所引发的所有成本。该模块主要解决以下问题：

①我们商业模式中最重要的固定成本是什么？

②有哪些核心资源花费最多？

③有哪些关键业务花费最多？

流程 2　了解商业模式画布制作方法

请查找相关资料，了解关于商业模式画布的制作，进一步理解商业模式画布内容。你认为应该如何制作商业模式画布？请将你的方法及想法记录下来。

流程 3　选择创业项目进行分析

在老师指导下，选择一个创业项目或选择你所知道的已创业的优秀项目作为实例，思考并分析本项目商业模式画布中的各个内容元素。

流程 4　商业模式画布制作

结合以上内容，制作该项目的商业模式画布。

<table>
<tr><td rowspan="2">重要合作</td><td>关键业务</td><td rowspan="2">价值主张</td><td>客户关系</td><td rowspan="2">客户细分</td></tr>
<tr><td>核心资源</td><td>渠道通道</td></tr>
<tr><td colspan="3">成本结构</td><td colspan="2">收入来源</td></tr>
</table>

流程 5　展示画布并总结

每个人将自己制作的商业模式画布以 PPT 的形式向班级其他同学进行分享，其他同学及老师对所展示的画布进行点评，最后，每个人对商业模式画布制作这个任务进行总结。

同学点评：

老师点评：

我的总结：

【实训思考】

商业模式画布制作是一个复杂的过程，你还有哪些地方存在疑问？请提出问题，与周围老师、同学交流。

实训三 价值主张设计

【实训目的】

1. 把握商业模式的核心内容。
2. 理解价值主张的重要性。
3. 学会价值主张设计。

【实训流程】

流程 1 阅读材料

材料一

星巴克卖的不是咖啡，而是美国式生活；七匹狼卖的不是服装，而是身份；京东卖的也不是百货和3C，而是正品行货；小米卖的不是手机，而是性价比。这些通过成功价值定位并成功地传递价值的企业都找到了自己的核心目标群体，并且通过他们对更大的人群进行了辐射，在精确细分之后实现了无限可能的扩大。

要想自己有独立的价值主张，就得去创新，尤其是对刚刚起步和进入瓶颈的企业，创新价值主张不但意味着发展，还意味着生存。市场主体的观念时时刻刻都在发生变化，而这种变化又会推动商业趋势的更迭，任何新价值主张都不会凭空出现，如同自然选择中出现的新物种是由已有物种进化而来。而抓住这种进化的机会，就意味着生存优势和发展空间，所以机会会一直存在，但因为眼光所限，成功永远属于少数人，而方法则可以把少数变成多数。这种方法可分为7个方面。

第一，技术或服务的创新能满足客户某些需要，但是从未感受或者体验的产品或服务，如海底捞管理创新带给客户独特服务，有市场又有区隔，有利润又有口碑。

第二，功能性提升匹配客户的潜在性需求，如智能手机配置不断升级、功能不断完善，企业要满足的不仅是客户的需求，还有渴望。

第三，优秀的设计让好产品脱颖而出，苹果的卖点不仅仅只有性能的优化，还有近乎完美的工业设计。

第四，以更为低廉的价格提供同质化服务，从而赢得价格敏感细分群体，其中的关键是商业模式的创新和成本结构的管理。前者的代表是西南航空，后者的代表是富士康，削减用户成本是创造价值的重要方法。

第五，建立品牌，让客户通过使用或者显示某一品牌获得某种价值，比如香奈儿是奢侈，ZARA是快时尚，凡客是平价奢华，品牌相对于创新是最廉价而且风险最小的区隔方式。

第六，客户在购买一种产品时，往往承载一定风险，例如使用时间、报废概率等，抑制风险也能为客户创造价值。这种方式往往体现在售后，诺顿百货的服务如此，美团网推出的随时退款也是如此，风险大小和商品价值成正比，价值越大的产品越要做好风险服务。

第七，客户都倾向于更容易使用的产品和更容易达到目的的服务，因此产品的可用性和便利性往往能创造出巨大的价值。比如手机代替传呼机，电子书挤占实体书生存空间，黑白电视变成智能彩电，这种改变往往是划时代的，关键看谁能走出第一步。

材料二

陈第和他的“华工合伙人”创办了国内首个移动广告平台——有米广告。有米广告是对广告商业模式的创新，包括广告展现模式的创新、收费方式的创新以及用户体验的创新，它主要聚焦于移动广告业，推出了很多的产品，如积分墙、积分插播广告、高速下载、广告条、自定义广告和飘窗广告等。

积分墙是在 App 内展示各种广告任务以供用户完成任务获得虚拟币的页面，在用户完成任务获得虚拟币的同时，App 的开发者也能获得收入。

高速下载是有米为提升开发者收入和广告转化率而推出的一项开发者增值业务，即在积分墙详情页面“普通下载”基础上增加“高速下载”功能。用户首次使用高速下载功能需要先安装一个容量大小为 1.5M 左右的高速下载器，下载器与积分墙无缝跳转，此后用户只需点击“高速下载”即可进入高速下载器进行应用的下载安装，下载速度提升 45%以上。这也极大提升了开发者的收入，用户使用高速下载器下载安装积分墙的应用时，开发者即可额外获得 0.05 元/次的奖励。

飘窗广告是有米在 Banner 广告条的基础上重新架构其展示机制和形式的升级之作。其所展示的广告内容在应用过程中，会以“飘”的动作从屏幕顶部滑出，并在展示一段时间后“收起”，即用户在 5 秒内不点击广告，飘窗将自动收起，下次调用广告前不占手机屏幕资源。

流程 2　分解商业模式中的价值主张模块

结合材料一和二，将有米广告的商业模式逻辑进行分析，在此基础上，理解并分析其中的价值主张，可用新颖、性能、定制化、“把事情做好”、设计、品牌/身份地位、价格、成本削减、风险控制、可达性、便利性、可用性等词语描述。

1. 有米广告商业模式逻辑分析：

____

____

____

____

2. 价值主张画布图

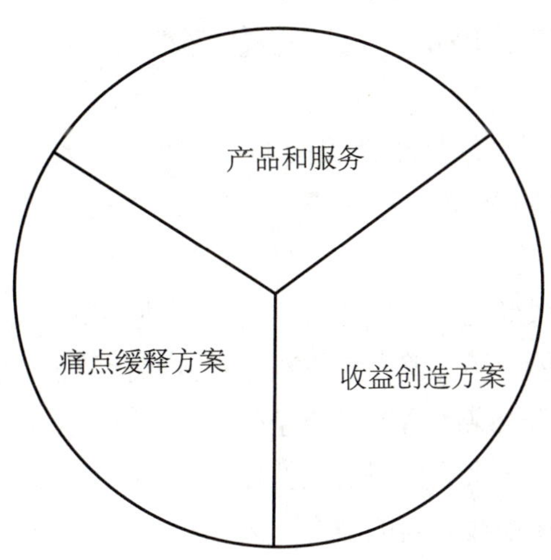

【实训思考】

在什么情况下，你的价值主张会与客户相契合？价值主张与客户之间有什么关系？建立商业模式的核心是什么？

____

____

____

____

____

____

____

【案例思考】

苹果 iPod/iTunes 商业模式

2001 年，苹果发布了其标志性的便携式媒体播放器 iPod。当时，美国每年仅售出72.4 万台数码音乐播放器，似乎看不出 iPod 音乐播放器有什么市场前景。但苹果随即推出了 iTunes 软件，iPod 播放器与 iTunes 软件结合，这样用户可以将音乐和其他内容从 iPod 同步到电脑中。同时，iTunes 软件还提供了与苹果在线商店的无缝连接，提供一首歌曲只需付费99 美分（约合人民币 6 元）的合法音乐下载。同时，只有使用 iPod 才可以播放从

iTunes 下载的音乐。截至 2006 年年底，iTunes 网上音乐点播商店的下载业务一度占据了北美合法音乐下载市场的 82%。iPod 已经从一台音乐播放器变成了宠物、文化符号或者身份的象征。

苹果公司真正的创新不仅仅是硬件层面的，还在于让数字音乐下载变得更加简单易行，成功利用“iPod + iTunes”组合开创了一个全新的商业模式——将硬件、软件和服务融为一体。

这种设备、软件和在线商店的完美有效结合，很快颠覆了音乐产业，并将苹果推向市场的主导地位。然而，苹果并不是第一家推出便携式媒体播放器的公司。竞争对手如帝盟多媒体公司的 Rio 品牌便携式媒体播放器曾经在市场上同样成功，直到它们被苹果超越。

苹果公司完美地构建了一个更优秀的商业模式。一方面，苹果通过其特殊设计的 iPod 设备、iTunes 软件和 iTunes 在线商店的结合，为用户提供了无缝的音乐体验。苹果的价值主张就是让用户轻松地搜索、购买和享受数字音乐。另一方面，为了使这种价值主张成为可能，苹果公司不得不与所有大型唱片公司谈判，来建立世界上最大的在线音乐库。

苹果通过销售 iPod 赚取了大量与其音乐相关的收入，同时利用 iPod 设备与在线商店的整合，有效地把竞争对手挡在了门外。

思考题：

1. 谈谈阅读后你最大的收获是什么？

____

____

____

2. 有价值的商业模式一定能盈利吗？你是怎么理解的？

____

____

____

3. 请总结并借鉴上述材料中提到的商业模式。假如你要实施一个与网上音乐相关的项目，你有什么新的商业模式？

____

____

____

【案例分析】

案例一：特种咖啡之神——星巴克的商业模式

咖啡是我们非常熟悉的一种饮品，它起源于10世纪的埃塞俄比亚，后来被带到了中东，在16世纪的时候被带入了意大利，17世纪传到英国、荷兰等西欧国家。由此可见，咖啡是一个历史悠久的饮品，几乎等同于人们每天的一日三餐。然而，看似一个很平常的东西，霍华德·舒尔茨却通过它成了亿万富翁——创建了星巴克。星巴克1971年成立，是全球最大的咖啡连锁店，总部坐落美国华盛顿州西雅图市。作为一家咖啡馆，今天能够做得如此成功，分店遍布世界各地，不得不使每一个商人感到佩服。那么，它的商业模式又是怎样的呢?

一般来说，一个企业要让其品牌响亮，必然会做大量的广告宣传，比如在各大媒体上轮番持续地轰炸，星巴克却没有花一分钱做过广告，这是因为它的品牌推广宣传与其运营模式有着很大的关联。

首先，星巴克的店面基本都设置在城市最繁华的路段，房租虽然相对会很贵，却能够起到很好的宣传作用。星巴克的标志可以让更多的人看到，长此以往，自然就会树立起品牌效应。当然，这一点也是很多企业都在做的，比如麦当劳、肯德基采用的都是这种方式。其次，店面全球快速扩张。据统计，星巴克在全球有13 000家左右的分店，从1985年到今天，这足以说明星巴克全球化扩张的速度是相当快的。相关数据显示，在日本有段时间，每5~6天就会开一家新店，在中国，它每年的增长率为30%~50%。正是这样的扩张速度及经营模式，使得星巴克快速成了一个全球化的品牌。

除上述两点之外，星巴克的上市也对其商业模式给予了积极的作用。星巴克是在1992年上市的，很多人开始购买星巴克的股票，一方面星巴克可以得到更多的运转资金，而对于星巴克来说，更重要的另一方面是，通过上市，星巴克的知名度会有空前的提升。越来越多的公众知道了星巴克咖啡，于是产生了都想去尝一尝的心理，而且随着股价一天天的上涨，星巴克的知名度会越来越大，生意自然也会越来越好。

有些人认为，如果一家企业不缺钱就没有必要上市，其实不然，像星巴克一样，它的上市可以推动其商业模式良好运行。这就像中国的酒店市场一样，很多开酒店的企业每天都在盘算着如何提升入住率，如何通过附加服务提升酒店效益，一些不起眼的酒店却在中国大地遍地开花，比如速8、如家等连锁酒店，占据了极大的市场，其中有些酒店已经在美国上市，如如家连锁酒店。这些酒店的商业模式和星巴克在某些方面是一致的。星巴克的经营理念极其符合当代人的生活习惯，尤其是在工作生活节奏迅速加快的今天，人们需要这样一个空间来减轻工作生活带来的压力。

星巴克的经营理念既满足了人们的日常生活需求，又让咖啡店变得很是浪漫，这一点在店铺设计上就可以体现出来。星巴克在设计每一个店铺的时候，从桌子的选购摆放、咖啡器具的选择、墙面的图案设计一直到每一个座位的光线明暗程度，都经过了认真地思考和精心地设计。在星巴克，有专门的设计和研究部门，主要职责就是研究店铺的设计装饰，通过研究各个国家的生活习惯风俗，力求设计出属于消费者的“自由空间”。除此之外，星巴克还会举办一些关于咖啡的文化活动，在运输、服务等方面不断创新。事实上，星巴克的经营方式及理念就是它的商业模式，因为通过这些理念和方式极大地提升了星巴克的收益。

思考题：

1. 霍华德·舒尔茨是抓住大众哪些特点才创建的星巴克？

2. 星巴克的品牌形象是如何建立起来的？

3. 通过阅读本文，你认为星巴克哪些商业模式值得我们借鉴？

总结分析：

（1）星巴克一直追求卓越品质，致力于通过以道德采购的方式购买高品质的咖啡豆，精心烘焙，并力争永远如此。这种经营理念是星巴克广受好评的关键所在。

（2）星巴克取得成功的制胜法宝是：启发并孕育人文关怀——每杯、每人、每个社区皆有体会。咖啡是星巴克企业的精髓，咖啡、顾客、伙伴又是星巴克的核心。

案例二：苹果公司的商业模式创新之路

苹果公司（Apple Inc.）是美国的一家高科技公司，2007 年由苹果电脑公司（Apple Computer Inc.）更名而来，核心业务为电子科技产品，总部位于加利福尼亚州的库比蒂诺。苹果公司由史蒂夫·乔布斯、斯蒂夫·沃兹尼亚克和 Ron Wayn 在 1976 年 4 月 1 日创立，在高科技企业中以创新而闻名，知名的产品有 Apple Ⅱ、Macintosh 电脑、Macbook 笔记本电脑、iPod 音乐播放器、iTunes 商店、iMac 一体机、iPhone 手机和 iPad 平板电脑等。自 2012 年起，苹果的全球市值一直处于首位，仅在 2018 年出现一点小波动，但从 2019 年第一季度发展情况来看，苹果的霸主地位依旧明显。

苹果的顾客定位在喜欢音乐、喜欢视频、时尚前沿的人，但从使用者看，苹果似乎没有目标顾客群体，无论是商业人士还是学生族，都有苹果的粉丝。这些群体具有某些共性，从而使该公司能够（针对这些共性）创造价值。

一般来说，苹果公司采用人员销售、代理商、经销商、自营店、网店等销售渠道。其中，人员销售主要是面向特定企业推销苹果电脑，代理商等则更加倾向于面对广大消费者。与此同时，苹果也非常注重口碑营销，它推出的每一款产品都力求将新科技发挥到极致，消费者的好评成为口碑营销成功的基石。

以苹果手机为例，它的核心功能就是一个通信数码终端，融合了手机、相机、音乐播放器、掌上电脑等功能，超越了手机、相机等产品提供的单一功能。通过 App Store 平台，苹果为顾客提供了 20 多万个应用程序和软件，极大地提高了客户价值。此外，苹果所有产品的外形设计、界面设计、重力感应等都提升了顾客的用户体验，从而实现其帮助顾客更好地完成工作的价值需求。

苹果的核心业务是数码终端产品的研制和商业平台的建设。乔布斯回到苹果后推出了 iMac、iPod，2003 年推出了最具革命性的创新产品 iTunes，2007 年发布 iPhone，2008 年推出 App Store，iPod 颠覆了传统音乐业，iPhone 颠覆了传统手机业。

事实表明，鼓励创新的公司制度、企业文化和日常管理工作使得苹果公司的创新能力可以延续和扩展。在乔布斯的带领下，苹果开发出改变人们习惯的产品，然而它的核心资源已经离去，现任 CEO 库克似乎在带领苹果回归“传统”。此外，“苹果”这一品牌本身就是公司的核心资源，当今世界上最具价值的品牌就是苹果，据当前美股实时行情显示，其市值为 8 718.72 亿美元。

苹果的营利模式主要有以下两种。一是通过卖 iPhone、iPod、iPad 等终端产品获得一次性的高额利润；二是通过出售音乐和应用程序来获得重复性购买的长期效益。二者是相得益彰的，正是有了这些设计良好、配置高端的硬件支持，这些应用程序才更有价值；也正是因为有近 20 万个应用程序的支持，这些硬件要比同类竞争产品的利润高很多。除此之外，苹果还通过与其他公司的合作获取利润，譬如与汽车公司合作开发车载系统、与中国联通等通信运营商合作获取分成以及广告收入等。苹果在 2018 年投入高达 140 亿美元用于研发，这几乎是 4 年前研发投入的两倍。

苹果采用的是“拉帮结派”的商业生态系统。苹果通过为顾客提供一种优越感以显示时尚、尊贵的身份地位和顾客建立联系，使消费者觉得用 iPhone 打电话、用 iPad 上网会让自己显得有身份、有地位，而且也是新科技新技术的跟随者。苹果为第三方应用程序开发商提供了 App Store 平台，在这个高效而且方便的平台上，开发商不仅可以得到官方技术支持，而且可以在平台上销售、自由定价。这个开放性平台对于众多开发者而言极具吸引力。苹果的生态系统很宽泛，在资金流结算方面，苹果还和信用卡公司合作，可以直接通过信用卡进行网上交易，方便了用户使用，同时提升了自身的业绩。

总体来看，苹果的目的是为时尚的、喜好音乐的、喜好视频的消费者提供集手机、音乐、视频播放等功能于一体的强大通信终端产品，要帮助他们更好地完成工作。其次是通过与顾客建立关系来实现价值创造。苹果与顾客建立了一种时尚、高贵、完美、信赖的关系来实现其价值创造，为顾客创造了一种有身份地位感的价值。企业通过渠道和顾客建立联系，苹果通过体验店、口口相传、发布会、App Store、iTunes 平台等方式与顾客保持密切联系。

公司若想要不断地创造价值，就必须关注自己的核心业务。假设苹果公司不关注硬件的开发、升级，不关注平台的升级、维护，而是涉足房地产等其他领域，就不可能源源不断地为顾客创造价值。另外，合作伙伴的支持也是必不可少的一个环节。苹果创造了一个商业生态系统，这个系统里包括应用程序开发商、苹果商业平台和顾客，三个部分都不能脱离其他部分而单独存在，这样就形成了相互依赖、共同进化的商业生态，实现苹果、应用开发者、消费者多方共赢的局面。

企业通过与其合作伙伴的联系降低成本，苹果把服务外包给应用软件商，大大降低了自己开发应用软件的成本，并且促进了整个商业生态系统的循环。苹果借助应用软件开发商打造的生态系统，加强了苹果产品本身的价值，使得消费者更加忠实于苹果的产品，这样为应用软件商提供了一群忠实的购买者，也为自己的产品打下了坚实的顾客群基础。

苹果围绕着“帮助顾客更好地完成工作”价值主张，整合软件开发应用商、汽车商等合作伙伴，以自己的核心资源和关键能力为依托，通过精准的消费者定位、有效的营销渠道，与消费者建立了良好的顾客关系，开创了将硬件、软件和服务融为一体的全新商业模式，建立了一个包括苹果、消费者和应用开发商在内的良性循环的商业生态系统，把企业推上一个新的台阶。

思考题：

1. 苹果风靡全球的优势是什么？

2. 当前苹果公司的主要运营模式是什么？

3. 针对用户群体，苹果公司做出了哪些创新？

总结分析：

（1）技术创新是企业发展的根本动力。苹果公司之所以能够在竞争日趋白热化的电脑、手机等高科技领域脱颖而出，关键在于企业革新，高端的技术理念使品牌效应愈加明显。

（2）正确的营销策略也是企业上升的关键。只有巧妙地使用营销手段才能使企业处于不败之地，要以消费者需求为导向，扩大用户群，进而传播企业文化，达到增加收益的目的。

案例三：游乐园之最——迪士尼公司的商业模式

迪士尼公司创立于 1923 年，由华特・迪士尼（Walt D. Disney）及其兄罗伊・迪士尼（Roy O. Disney）创建，90 多年来，迪士尼经过不断地发展创新，其业务由当初的电影动画片，逐渐扩展到主题公园、电视、网络以及其他娱乐等多个领域，成就了一个“巨无霸”的商业帝国。作为跨国传媒业的巨头，迪士尼最为核心的成功经验有三点：一是创建了以快乐为核心价值内涵的全球娱乐品牌；二是建立了以“轮次收入”为基点的财富滚动增长机制与营利模式；三是本土化发展战略。

在过去的 90 多年里，华特·迪士尼成功地创建了迪士尼品牌，随着米老鼠、唐老鸭、高飞狗、小熊维尼等一系列卡通人物形象从美国走向世界，迪士尼这一品牌也逐渐深入人心。作为这个商业帝国的核心资产，迪士尼品牌已经成为一块金字招牌，为这个跨国企业带来了源源不断的利润。根据 Brand Finance 评出的全球媒体品牌价值中的相关数据：2017 年，迪士尼品牌价值 344.54 亿美元，名列第 1 位；2018 年，品牌价值 325.9 亿美元，名列第 1 位。品牌已经成为整个迪士尼公司的核心竞争力。

迪士尼品牌为何能够发展如此壮大？答案有很多，譬如不断创新的经营理念，追求高质量的产品标准，共享与包容的文化氛围，以故事为中心的产品开发模式，充满乐观精神的故事情节。但最核心的理念，还应该归结为“快乐”二字。

自 1928 年 5 月，迪士尼的经典动画“米老鼠系列”第一集《疯狂的飞机》上映，到后来迪士尼公司的诸多经典动画，尽管题材各异，风格迥然，但都没有离开“快乐”这一原则。动画电影成功之后，迪士尼开始了向主题公园拓展的步伐。1955 年，华特·迪士尼在美国加州建立了第一家迪士尼乐园，他的理念是将动画片中的魔幻和快乐场景“复制”展现在人们生活中，给更多的人带去欢乐。目前，全球已建成 6 座迪士尼乐园，分别位于美国洛杉矶和奥兰多，以及日本东京、法国巴黎以及中国香港和上海。

那么，迪士尼是如何经营它的主题公园，又是如何把“快乐”这一经营理念转变为成功的商业模式的？

迪士尼根据企业的核心价值对主题乐园进行了准确的市场定位，即表演公司，它的主要功能在于为游客、观众提供高满意度的娱乐和消遣，让游客暂时远离现实世界，走进缤纷的童话王国，感受一段既惊险又充满快乐的刺激旅程。这一切都需要员工来实施，于是迪士尼对员工的定位为：为顾客带来欢笑的角色。用热情、真诚、礼貌、周到的服务，为客人制造快乐。此外，在游乐园的设计上也下了很大工夫。园内大到建筑物和各种设施的安置，小到游人的流向和排队时所遇到的“经历”，都不会让你感觉到一点不快。顾客在园内任何一家纪念品商店买完东西后，只需填写一张送货单，购买的商品便会通过地下送至门口的提货处。迪士尼不仅让客户消费快乐，而且让客户快乐消费。

迪士尼的营利模式十分独特，是特有的“轮次收入模式”，亦即“利润乘数模式”，指的是迪士尼通过制作并包装源头产品——动画，打造影视娱乐、主题公园、消费产品等环环相扣的财富生产链，从而造就了伟大的动漫品牌商业神话。迪士尼公司在设计动画故事时，就已经开始规划产品了。例如，迪士尼的内部有一种被称作 Gong Show 的内部活动，每周一次。所有的员工都会聚集到会议室，每个人都要提供建议，迪士尼公司很多独一无二的创意，都是在这样的七嘴八舌中诞生的。

迪士尼的品牌授权成为公司利润的重要来源。迪士尼在世界范围内进行各种形象的知识产权交易，并出版图书和杂志。许可发放的品种包括与迪士尼有关的玩具、礼品、家具、文具、体育用品等。出版类的许可证包括连环画、艺术图画书和杂志。许可证经营活动的利润主要依靠从批发和零售产品的销售定价中提取固定比例的使用费。此外，公司还积极开发拥有自主知识产权的商品，不断寻求可以用于许可证产品的新角色形象，并参与具有许可证意义的出版物的写作和插图的创意工作。

当前，迪士尼公司在中国拥有大约6 000个零售点，迪士尼的服装及玩具等产品在中国25个城市的百货公司和超级市场发售。另外，迪士尼公司还在上海设立了连锁学校——迪士尼英语学习中心。迪士尼英语学习中心便是迪士尼本土化思路的很好写照，学校已经取得了成功，这归功于学校采用的教材融入了中国孩子的需求和家长的期望。此外，学校采用先进的技术和有趣的故事为孩子们提供了一个充满乐趣的学习环境。

现如今，迪士尼公司的国际业务大约占其总业务的四分之一。不过在过去的几年里，其国际业务增长率比美国主业务增长率快两倍，这归功于中国、印度、俄罗斯和拉美等新兴市场。上海迪士尼乐园的盛大开幕，标志着迪士尼正在向着繁荣的方向逐步迈进，在这种繁荣景象的驱使下，必将卷起一场“迪士尼狂风”。

思考题：

1. 迪士尼能够享誉全球、实现行业巨头的关键是什么？

2. 当前迪士尼公司的主要运营模式是什么？

3. 针对顾客群体，迪士尼进行了哪些特色转变？

总结分析：

（1）正确的品牌延伸会给企业带来巨大的收益，企业应在对品牌生命周期理论和品牌延伸理论等进行全面深入研究的基础上，结合自身的实际，探索出一条适合自身发展的品牌延伸之路。

（2）迪士尼作为一个成熟的系列主题代名词深受世界各地人民的喜爱。发展至今，期间有成功也有失败，但其内在的企业文化和创新精神一直都能为我们提供宝贵的经验。

专题九　创业计划

实训一　撰写创业计划书

【实训目的】

1. 了解创业计划书的内容要素。

2. 认识创业计划书的撰写要点。

【实训流程】

流程 1　了解创业计划书的基本内容

请阅读教材或看相关资料，写出创业计划书应该包括哪几个部分，尝试理解这几部分的内容。

流程 2　找创业计划书模板

请找一份创业计划书空白模板，继续了解创业计划书内容撰写框架。当你有一个创业项目要写创业计划书时，你会如何着手？把你的见解与疑问记录下来。

流程 3　找一份创业计划书范本

请按照以上模板，找一份有内容的创业计划书范本，看看它的每一部分是怎么写的，请记录你的收获。

流程 4　选择创业项目并讨论

根据班级实际情况，将班级分成若干小组，各组要认真考虑，分别选择一个创业项目，小组各成员讨论创业计划书的内容和重点，并做好小组记录。

项目名称：____________________

小组成员：____________________

计划书的内容：____________________

____

____

____

____

____

____

计划书的重点：____________________

____

____

____

____

____

____

____

____

____

____

____

____

____

____

____

____

____

流程 5　撰写创业计划书

针对创业项目，各小组分别撰写一份创业计划书，请将撰写过程中遇到的具体问题记录在方框内。

流程 6　小组交流

各小组针对在撰写创业计划书过程中遇到的问题进行交流，一起分析、解决上一步遇到的问题，做好记录。

【实训思考】

如果创业之前，不写创业计划书会怎样？在撰写创业计划书的过程中，你有什么感悟？

____

____

____

____

____

实训二　为 NVFP 公司撰写创业计划书概要

【实训目的】

1. 加深对创业计划书框架结构的理解。
2. 掌握撰写创业计划书概要的方法。

【实训流程】

流程 1　了解 NVFP 公司及其产品

NVFP 公司计划销售新一代健身器械产品，该产品可以让室内运动消除乏味感。公司提供跑步机、固定自行车、划船运动练习器等设备并安装平板显示器，让运动者模拟各种户外活动，并以电子游戏的形式跟模拟对手展开比赛。

流程 2　理解创业计划书的框架结构

请用 10 ~ 15 分钟时间，看相关资料，理解创业计划书概要的框架结构，并将创业计划书概要的主要框架及注意事项记录下来。

流程 3　思考写好创业计划书需要的信息

写创业计划书概要不是简单罗列内容，请想一想，写好创业计划书概要需要获得哪些类型的信息？请填写每一种信息类型的主要内容及获得这些信息的途径。

营销信息主要内容： 获得这些信息的途径：
技术信息主要内容： 获得这些信息的途径：
财务信息主要内容： 获得这些信息的途径：
法律信息主要内容： 获得这些信息的途径：
其他信息类型：

流程 4　搜集信息

以上信息哪些可以通过实际调查获得？哪些信息可以通过二手资料整合获得？请全面搜集所需信息。

可通过调查获得的信息：____

____

____

____

可进行整合获得的信息：________________

____

____

____

全面搜集到的其他信息：________________

____

____

____

____

____

____

____

____

流程 5　尝试撰写创业计划书概要

在上述基础上，请写出一份该公司的创业计划书概要。

【实训思考】

创业计划书概要与企业运营计划书一样吗？写创业计划书概要有哪些需要注意的地方？

____

____

____

____

实训三　评价创业计划

【实训目的】

1. 了解如何评价创业计划。

2. 培养表达能力与团队合作能力。

【实训流程】

流程 1　将创业计划书制作成 PPT

各小组将实训一的创业计划书制作成 PPT，其中包含的内容和幻灯片页数可以参考下面要求。

（1）用一两句话介绍公司的价值定位，1 页 PPT。

（2）公司背景介绍，1 页 PPT。

（3）管理团队介绍，1 页 PPT。

（4）产品或服务要解决的问题，1 ~2 页 PPT。

（5）产品或服务的介绍，1 ~2 页 PPT。

（6）用户或客户情况，1 页 PPT。

（7）盈利模式介绍，1 页 PPT。

（8）市场规模及竞争分析，1 ~2 页 PPT。

（9）市场营销策略，1 ~2 页 PPT。

（10）公司发展规划，1 页 PPT。

（11）财务状况及预测，1 页 PPT。

（12）融资需求，1 页 PPT。

流程 2　计划书互评

每个小组中选出一个计划书介绍人上台进行阐述（5 分钟左右）。当其中一个小组进行阐述时，其他小组组成评审团，对该组进行现场提问（每个小组限 1 个问题）。介绍人回答完毕后，评审团填写评估表，为该陈述组打分。

创业项目名称：________________

创业小组编号：________________

计划书介绍人：________________

项目	要求	分值	得分情况
计划书展示	计划书内容 要求：内容完整、条理清晰、详略得当	25	
	PPT 内容 要求：简明、扼要，能有效概括整个计划；具有鲜明的个性，具有吸引力；有明确的思路与目标；能突出自身特有的优势；对自身和竞争对手有正确的认识	25	
	PPT 美观度 要求：版面美观、色彩搭配与内容贴近	10	
小组整体表现	语言表达 要求：语言规范，逻辑性强，表述清晰、完善	5	
	准确程度 要求：对问题理解准确，回答切题、到位	5	
	仪态 要求：大方、端庄、自信、有礼貌、态度谦和	5	
	灵活性 要求：思维敏捷，机智灵活	5	
	知识面 要求：知识面宽，能运用自如	5	
	小组配合 要求：小组成员配合默契	5	
	评委自由裁度 要求：严密性与可操作性	10	
合计		100	
评审团：			

流程 3　完善创业计划并自评

在上述分数计算完成后，各小组分别针对每个具体得分情况进行总结，完善创业计划，然后组内再次评价创业计划，提出创业项目的优缺点。

【实训思考】

评价创业计划有哪些好处？你认为创业计划能对创业者起什么作用？

【案例思考】

个性饰品店创业计划书

项目概述

个性饰品店起源于美国，流行于日本，意为风格独特、更具专业化、创意鲜明的饰品店铺。在店铺漫天飞的今天，个性是店铺的灵魂，是店铺的生命。为了区别于普通的女性饰品店，个性饰品店以壁挂、藤编容器等家居小饰品作为经营项目，以专业化和个性化为主导理念，以普通消费者为客户群。个性饰品店采用网上经营的模式，构建自己的饰品店网站，采用“一站式”销售实现经营利润的最大化。以电子互动平台来全面提高产品供销链的上市速度，及时补货，与客户进行充分的交流。

一、公司介绍

1. 公司经营宗旨及目标

本公司坚持诚信为本、顾客利益至上的经营宗旨。主要依靠薄利多销，走经营流水，凭品质和设计，赚客户认可度，这就是我们的经营之道，也是我们的目标。

2. 公司简介

（1）公司名称：大家淘艺。

（2）业务范围：家居小饰品。各式壁挂、藤编花瓶、布质靠垫等。

3. 团队概述

我们公司的4位创建者都是在校的女大学生，目前均就读于本校教育系学前专业。我们有深厚的友谊，且我们共同设计出了一套严密且分工明确的管理体系，让大家能够各司其职，各尽其责。

二、市场及竞争分析

1. 市场机会及环境

网上开店，好处多多，最主要有以下几个突出的优势：

（1）投资少，回收快，而且无所谓存货，所以特别适合小商店和个人在网上创业。

（2）销售时间不受限制，不需专人看守，却可时时刻刻营业。

（3）销售地点不受限制，小商店也可做成大生意。

（4）网上商店人气旺，赚钱没上限。

（5）我们选择的是适合在网络上销售的饰品。

2. 市场竞争分析

（1）产品优势：此产品系列集生态、绿色、环保、装饰、休闲于一体。

（2）行业前景：随着经济水平的突飞猛进，装饰业日趋兴起，人们对生活、家居品位愈加重视，体现在经济形态中就是与之相关的休闲、居家装饰等行业日显蓬勃发展之势。

（3）用途：可广泛用于家庭、宾馆、办公室、酒楼、商场、娱乐场所等各类装饰空间。

三、产品与服务

1. 凡在大家淘艺购买任一商品的顾客均是本商店的普通会员，普通会员（每花一元积一分）积分达到800时即可上升为贵宾会员，贵宾会员积分达到积分达到3000分时即可上升为钻石会员。普通会员可享受9.5折优惠，贵宾会员可享受8.5折优惠，钻石会员可享受7.5折优惠以及免费邮寄或免费送货服务。

2. 大家淘艺将根据客户自己选择的运输方式，免费代办运输。邮寄费用或长途运输费（含保险费）将由客户承担。

3. 因邮寄或长途运输而造成的货物损失，大家淘艺不承担责任。

4. 如果客户所购的礼品涉及特殊设计和印刷及其他方面的问题，在接到客户订单意向后，大家淘艺将与客户联系并最后商定价格。

思考题：

1. 你认为这篇创业计划书有哪些欠缺之处？

____

____

____

2. 请分析一下撰写创业计划书应该把握哪些重点内容。

____

____

____

【案例分析】

案例一："老干妈"的市场推广策略

陶华碧，1947 年出生于贵州省湄潭县，现任老干妈食品有限责任公司董事长。她自幼家里贫穷，没有上过学。20 岁时，她嫁给了地质队的一名队员，但没过几年丈夫就病逝了，扔下她和两个孩子，为了生存，她去外地打工和摆地摊。1989 年，陶华碧用省吃俭用积攒下来的一点钱，在贵阳市南明区龙洞堡的一条街边盖起了一间房子，开了个简陋的餐厅，取名"实惠餐厅"，专卖凉粉和冷面。为了佐餐，她特地制作了麻辣酱，专门用来拌凉粉，结果生意十分兴隆。

一天早晨，陶华碧起床后感到头很晕，就没有去菜市场买辣椒。可谁知，顾客来吃饭时，一听说没有麻辣酱，转身就走，这件事对陶华碧的触动很大，她一下就看准了麻辣酱的潜力，从此潜心研究起来。经过几年的反复试制，她制作的麻辣酱风味更加独特。很多客人吃完凉粉后，还买一点麻辣酱带回去，甚至有人不吃凉粉却专门来买她的麻辣酱。见到效益之后，她决定筹备兴建加工厂，租了两间屋子，招聘了 40 名工人专门生产麻辣酱，并定名为"老干妈麻辣酱"。之后的一段时间，她亲自背着麻辣酱，送到各食品商店和各单位食堂进行试销。不过一周的时间，那些试销商便纷纷打来电话，让她加倍送货，产品很快就脱销了。1997 年 6 月，"老干妈麻辣酱"经过市场的检验，在贵阳市稳稳地站住了脚跟。

1997年8月，“贵阳南明老干妈风味食品有限责任公司”正式挂牌，工人一下子增加到200多人。此时，对于陶华碧而言，最大的难题并不在生产方面，而是来自管理上的压力。虽然没有文化，但陶华碧明白这样一个道理：帮一个人，感动一群人；关心一群人，肯定能感动整个集体。果然，这种亲情化的“感情投资”使陶华碧和“老干妈”公司的凝聚力一直只增不减。在员工的心目中，陶华碧就像妈妈一样可亲又可敬，人们都习惯称她为“老干妈”。

豆豉辣椒的销售刚刚起步时，玻璃厂觉得老干妈的玻璃瓶要货量少，不太愿意接这单生意，陶华碧急了，她质问玻璃厂老板：“哪个娃儿是一生下来就一大个哦，都是慢慢长大的嘛，今天你要不给我瓶子，我就不走了。”软磨硬泡了几个小时后，双方达成了如下协议：玻璃厂允许她每次用提篮到厂里捡几十个瓶子拎回去用，其余免谈。陶华碧满意而归。

陶华碧虽然不识字，但她的记忆力和心算能力惊人，财务报表之类的东西她完全不懂，“老干妈”也只有简单的账目，由财务人员念给她听，她听上一两遍就能记住，然后自己心算财务进出的总账，立刻就能知道数字是不是有问题。她没有文化，就一心研究技术。卖米豆腐时，她做的米豆腐可以下锅炒，做辣椒调味品，总是比别人的产品口味独特，比别人的香。由于“香”，由于“香辣结合”，老干妈的产品已经覆盖除台湾地区以外的全国各地，并远销欧盟、美国、澳大利亚、新西兰、日本、南非、韩国等20多个国家和地区。

“做生意要诚信”，这几乎谁都知道，但事实上，很多人还是做不到。陶华碧以前没听过文绉绉的“诚信”，但她以一个农民的朴实本质，做到了诚信，也做大了生意。老干妈最看重的，是自己的名声。刚刚开始卖豆豉辣椒时，她就用上了天平秤。2001年，有一家玻璃制品厂给“老干妈”公司提供了800件（每件32瓶）包装瓶。不料，使用这批包装瓶产品封口不严，漏油。一些对手企业马上利用这事攻击“老干妈”。一些管理人员建议：“可能只是个别瓶子封口不严，把货追回重新封口就行了，不然损失太大。”陶华碧却果断决定追回后全部当众销毁。

老干妈企业最被人称道的地方就是纳税，很多企业抱怨税太重，问：“您为什么每次主动纳税？”陶华碧说：“早交晚交都要交，从来不拖欠国家一分一厘，这才是做企业，也是我们的能力，你拖欠或者偷漏是很不好的。我们没有国债，不欠国家税收，也没有贷款，干干净净，一身清白，该赚的钱我就赚，不干净的钱我不要。”此外，关于上市的问题，陶碧华曾提到：“我坚决不上市，一上市，就可能倾家荡产。上市那是欺骗人家的钱，有钱你就拿，把钱圈了，喊他来入股，到时候把钱吸走了，我来还债，我才不干呢。”

“拼！苦拼！”这就是陶华碧起家的“绝招”，就是靠着这股拼命劲，她完成了自己的“原始积累”，做出了今天“老干妈”辉煌的事业。

思考题：

1. 陶华碧在企业创办之初是如何寻找合作伙伴的？

2. “老干妈”的经营理念是什么？

3. 通过阅读本文，我们从陶华碧身上学到了什么？

总结分析：

（1）老干妈的成功是产品思维的成功，产品是一切营销的源头，要切记不能把营销等同于推广和广告。

（2）老干妈以消费者为中心，即使定位于中低端市场，也能够提供极致的客户体验。做企业要像老干妈一样做得有耐心、能坚持，经得住时间的发酵。

案例二：中国强人——进击的曹德旺

曹德旺白手起家，保持着“为中国人做一片属于自己的玻璃”的初心，几十年来不断做大做强，举目国内，无人可堪一战后，又剑指西方，进军国际市场，以无可阻挡的黑马姿态一度将美国汽车玻璃市场1/3的市场份额斩获囊中。那么，是什么造就了曹德旺今天的成就？我们不妨从他生活的点滴中开始看起。

1949年，为躲避战乱，曹德旺的父亲曹河仁携全家从上海回到当时的福建省福清县的老家，他们乘坐的油轮安然无恙，运载行李货物的铁壳船却沉没了，曹家从此家道中落。饥饿是曹德旺幼时最惨痛的记忆，一天只能吃两顿饭，还只是些汤汤水水，不能吃饱，这对曹德旺来说是一件难以忍受的事情，以至于很多年后，他还是不能克服童年时饥饿留下的阴影。

1961年，15岁的曹德旺在上了六年学后，这个家庭无力再支撑两个孩子的上学费用，于是曹德旺当起了放牛郎。一年之后，16岁的曹德旺开始了自己为期10年的“万元户”生涯，这十年是曹德旺最默默无闻的10年，也是为他以后成为商海搏浪的巨人打下基础的10年。其间，他攒下了点钱，解决了温饱问题。

就像一位哲学家说的：“饥饿时只有一个烦恼，而吃饱后就有无数个烦恼。”在曹德旺吃饱饭后，这个闲不住的人由“生理需求”直接追求“自我实现”去了。1983年，曹德旺和别人合资承包了一直亏损的水表玻璃厂，当年就挣了22万元。这让乡亲们暗暗咂舌：这哪是玻璃厂，这是印钞厂啊！

1984年6月，曹德旺到南平出差，顺道参观了一下武夷山，还非常细心地给老母亲买了一根竹根做的拐杖。上车时，送他的司机说：“老曹，上车小心点，别碰了车玻璃，你可赔不起！”曹德旺说：“开个海狮牛啥，不就一块玻璃吗？我看最多也就值100块！”司机见他不信，继续说道：“你别不信，一块玻璃好几千块呢！”这引起了曹德旺的注意，他专门跑到汽车修理店转了转：马自达汽车，前挡玻璃，6 000元一块！这些玻璃基本都是从日本进口的，因为没有国产的。曹德旺的第一反应就是：日本人真黑！第二反应就是：没人做，我来做！

说干就干，曹德旺回去后就改组玻璃厂，在保证水表玻璃生产的同时，还要着手汽车玻璃的研发。他从上海耀华玻璃厂引进了一套淘汰的设备和一些图纸，一身油灰地和工人们一起泡在车间，没日没夜地钻研。只用了四个月，曹德旺就克服了空压机和鼓风机的技术难题，这比上海耀华玻璃厂预计的时间少了一半！

1985 年 5 月，曹德旺造出了第一块汽车玻璃。

成功后的曹德旺如同洪水般汹涌，一路飙升。1993 年 6 月 10 日，福耀玻璃在上海证交所挂牌交易。股票开盘价 44. 44 元，收盘价 40. 05 元，要知道股票发行时一股是 1. 5 元，一下子就翻了 26 倍！曹德旺成了亿万富翁。

取得巨大胜利的曹德旺并没有被喜悦冲昏头脑，他开始向更高层次迈进——国际市场。起初与法国圣戈班接触，但这场“联姻”让企业损失巨大，于是他决定主动退出。随后，企业开始将销售战略改分销为直销，半年就营利 7 000 万元，第二年营利达到了 1. 5 亿元。但这时也只是有信心而已，接下来曹德旺要面临走向国际的道路上最强大的对手。2001 年 2 月，美国 PPG 联合其他两家美国玻璃公司，向美国商务部起诉中国的玻璃倾销，而一年后，美国商务部最终裁定企业的倾销税率为 11. 8% 。企业十分愤怒地将一纸诉状递到联邦巡回法庭，让美国商务部坐上了被告席，这次企业将与美国商务部直接交锋。屋漏偏逢连夜雨，美国反倾销案正在进行中，加拿大反倾销硝烟又起。曹德旺随即做出反应，并做了反战的决定。最终，两场“战役”均取得了胜利，意义非凡。

企业在两大“战役”后并没有放缓前进的脚步，曹德旺决定北上，吹起了全国扩张的号角。首先，建起了公司二期，然后在上海、重庆、北京、湖北、广州、郑州等地组建公司，最后开始与外部环境融合，汲取先进的技术和管理模式体系，为更加完善本土化服务做好铺垫。

2014 年 5 月 26 日，英国《金融时报》（*Financial Times*）用 3/4 版的篇幅，以 *The tycoon who opened the window of opportunity*（《打开机会之窗的大亨》）为题，将曹德旺的事迹传播到全球。报道中写道：曹德旺幼年时家庭一贫如洗，抓住改革开放的机遇，成立公司制造汽车玻璃，上市和零部件国产化也为福耀玻璃的发展带来更多的机会，而如今的国际化战略更是为福耀的发展打开了一扇机会之窗。

“抓住机遇”是《金融时报》对曹德旺的评价，国内有媒体称曹德旺是“机遇猎手”，这两种说法不谋而合。曹德旺身上的这个特质十分明显，这一点从企业一步步发展中也可以看得十分真切。

就像在曹德旺准备进军世界市场时，有人问曹德旺：“你听不懂英语，也不了解西方的营销模式怎么办?”曹德旺回答道：“我比别人便宜几块钱就有人来了。”凭着敏锐的商业嗅觉和能迅速找到关键点并一击致命的高超本领，福耀玻璃从一个镇级的“小鱼小虾”成为国内的商业巨鳄，现如今正在世界各地开花、结果。

思考题：

1. 曹德旺创办玻璃厂的动机是什么？
2. 企业在遇到困难时曹德旺是如何做出回应的？
3. 是什么支撑曹德旺走到了今天？我们应该学习他的哪些品质？

总结分析：

（1）曹德旺曾经说过，他是一个企业家，而不是一个富豪。企业家有三条责任：国家因为有你而强大，社会因为有你而进步，人民因为有你而富足。这些都在他身上得到了证实。

（2）中国优秀的企业家绝不止曹德旺一人，我们希望有越来越多像他一样的人融入进来，能够为中国经济、商业文明做出一定的贡献。

专题十　创业融资

实训一　分析融资渠道与战略

【实训目的】

1. 了解创业资金的渠道。
2. 认识不同的融资战略。

【实训流程】

流程 1　阅读材料

在广州有这样一家餐厅——比逗，是一群充满激情的“90 后”创立的。餐厅总投资为 85 万元，核心团队此前已经筹集 50 万元资金，剩余资金通过众筹的方式向校内的同学筹集，这 35 万元在一个月的时间就筹集到了。由于比逗通过众筹的方式筹集资金，很快在学生当中传播开来，知名度迅速覆盖了当地两所高校。其中一位创始人说，众筹股东每股 1000 元，每位需出资至少 1000 元，最多 5000 元，享有 1 ~ 5 股的分红权。同时，股东有义务积极向朋友介绍推荐。“从运营至今，我们没做过任何宣传，只是通过微信线上传播，现在每天都有不错的客流量，日均收入 4000 元左右，基本达到收支平衡。”此外，比逗还在大学城开了一家分店，客流量也是相当可观。

流程 2　分析资金渠道

根据以上材料，请分析一下比逗餐厅的资金渠道有哪些？你是如何理解众筹的？众筹有哪些流程？

比逗餐厅的资金渠道：   众筹运作流程：

流程 3　拓展资金渠道

创业时，除了上述渠道，你还知道哪些资金渠道？请搜集相关资料，将你找到的资金渠道记录下来。

流程 4　分析融资战略

上述每一种资金渠道都需要采用特定的融资战略才能筹集到资金。请查找相关资料，分析每种渠道都可以采用哪些融资战略，将其记录下来。

【实训思考】

融资时，大部分创业者会通过哪些渠道？如果创业，你周围的同学会采用何种战略进行融资？

实训二　拟定融资计划

【实训目的】

1. 学会拟定融资计划。
2. 掌握创业融资预算能力。
3. 加深对融资基础知识的认识。

【实训流程】

流程 1　分组讨论

以小组为单位，结合各小组的创业项目和创业计划书，讨论创业需要用多少资金，可通过哪些渠道获得这些资金，初创企业需要哪些融资方案，融资前还应该做好哪些准备。请各小组成员将主要观点记录下来。

流程 2　拟定融资计划

请各小组拟定融资计划，融资计划中的财务预测、资本结构、投资者退出方式、风险分析等内容可参考以下模板。

1. 财务预测。

该部分主要包括的内容如下：

（1）今后三年公司的发展预测。

（2）投资计划。其主要包括预计的投资数额，公司未来的筹资资本结构，获取投资的抵押、担保条件，投资收益及再投资的安排，投资者投资后双方股权的比例安排，投资者介入公司经营管理的程度。

（3）融资需求。其主要包括创业所需要的资金额、团队出资情况、资金需求计划、为实现公司发展计划所需要的资金额、资金需求的时间、资金用途（列表说明）等。

（4）融资方案。其包括公司所希望的投资者及其所占股份的说明、资金其他来源（如银行贷款等）。

2. 资本结构。

该部分主要包括的内容如下：

（1）目前有多少资金投入本公司。

（2）目前公司打算筹集多少资金。

（3）如果筹资成功，公司可以持续运营多长时间。

（4）以后的融资计划筹集多少资金。

（5）公司可以向投资者提供的权益（如，股权、普通债权等）有哪些。

（6）公司现在的资本结构表。

（7）本期筹资成功后的资本结构表，如下表所示。

投资者	投入的资金数量	股权的比例情况

（8）说明公司希望找怎样的投资者，对投资者的要求是什么。如，投资者对资金、管理的支持程度，对行业的了解程度，等等。

3. 投资者退出方式。

该部分主要包括的内容如下：

（1）利润分红：应向投资者说明股权利润分红计划。

（2）股权转让：应向投资者说明股权转让计划。

（3）股权回购：应向投资者说明股权回购计划。

4. 风险分析。

要详细说明创业项目实施过程中可能遇到的风险，如，技术风险、市场风险、管理风险、财务风险及其他风险，应提出有效防范风险的手段。

流程3　老师点评

各小组将拟定的融资计划向老师进行展示，老师一一点评，小组成员进行总结。

老师评语：
小组总结：

【实训思考】

融资计划得好，就能获得融资吗？你认为融资成功的关键因素是什么？

实训三　筹集开办培训班的资金

【实训目的】

1. 训练实际筹资能力。
2. 理解融资相关概念，掌握筹资过程。

【实训流程】

流程 1　制定资金需求表

假如你拥有很好的计算机技能和管理能力，想在校园附近开一家规模较大的计算机培训班，但你又没有足够的钱，请你做出创建培训班的资金需求表。

资金渠道	数量（单位：元）

流程 2　说明筹资对策

请说明每一种融资渠道可能会遇到的挑战及对策。

资金渠道	挑战	对策

流程 3　股权资本与债权资本说明

请说明你将从哪里获得股权资本以及债权资本，并谈谈你对这两种资本的认识。

	股权资本	债权资本
何种渠道		
资本认识		

流程 4　筹资陈述

以上筹资中，如果你需要银行贷款，请向银行家准备一个陈述，陈述应包含以下内容：

（1）描述机会或需要解决的问题。

（2）描述你的产品或服务如何利用机会或解决问题。

（3）描述你的资质。

（4）描述你的市场。

【实训思考】

在以上筹资过程中，你遇到了哪些困难？你认为哪种筹资渠道更适合该创业项目？谈谈你对筹资的认识。

____

____

____

【案例思考】

万达旗下飞凡网络百亿融资计划推迟

来源：中国电子商务研究中心

万达集团董事长王健林在2017年年初曾宣布将在三季度为公司旗下的线上线下平台飞凡网络募集上百亿元资金，但该计划如今搁浅。公司员工称，飞凡现在处在调整阶段，拆分了很多业务部门，部分产品和研发岗位纷纷被劝退。

据记者了解，万达网络科技集团将100亿元私募融资计划至少推迟到明年年初。一位了解情况的人士告诉《中国经营报》记者，推迟融资并不是因为监管原因。

澎湃新闻网此前援引匿名消息报道称："上半年有国际投行牵头对网科集团做了一轮尽调，可能不是很满意，因为业务梳理得不是很清楚，除了金融科技板块有利润之外，其余的板块业务目前还不是很清晰。"

记者联系了万达网络科技集团的高管，但其拒绝为公司融资事宜进行评论。

为板块核心业务飞凡进行融资的计划由王健林在今年1月宣布。在万达集团的2016年度工作报告中，王健林表示，今年上半年要完成示范项目和估值评估报告，三季度开始进行100亿元私募融资。

"要找好的投行和投资人，不是完全找'朋友圈'，不能完全找财务投资人。我年会上把飞凡的发展目标说了，明年要盈利，2020年要利润过百亿，飞凡私募估计不愁找投资人了。"王健林表示。

按照飞凡的发展规划，其今年要新签合作大型购物中心2000个，累计占全国开业大型购物中心的三分之二以上。还要新签约中小商家15万个，新签约中小城市70个。王健林今年年初表示，飞凡网络成立这一年，主要是搞研发、签约合作，运营端的推广发力不够，今年要在运营推广方面有突破。

万达集团的中期业绩简报显示，截至今年上半年，飞凡用户8756万人，累计签约合作大型商业项目3382个，累计签约合作中小商业项目16.15万个。

据记者了解，万达网络科技集团旗下涵盖了数字商业、智慧生活、金融科技和公有云服务4个板块，飞凡为链接其中的核心，定位为“实体商业＋互联网”场景服务运营商，飞凡App涵盖了万达网络科技集团的大部分业务，包括消费、理财、征信、网络信贷、会员管理等功能。

但部分在职员工和离职员工表示，由于飞凡内部对自身的定位不太明确，人浮于事，与互联网公司的情况格格不入，思维比较老套，公司用传统的思维来做互联网产品，此前的用户体验一直比较糟糕，用户的使用程度不高。

他们表示，员工很少会自己真正使用飞凡App。但据《中国经营报》记者了解，近期改版之后的飞凡App使用体验有所改善。

在去年年底负责为飞凡App做线下推广的一名员工说，当时的飞凡启动速度慢，同类型的产品，别人可能点开应用1秒左右就能使用，但飞凡总要等好多秒。他说，而且线下宣传的优惠，很多都兑现不了。

飞凡的另一位前员工表示，公司内部喜欢做表面的东西，推进事务的流程烦琐，部门合作效率低下，官僚作风明显，等发现一个问题要解决，到走完一次流程，问题都黄了。

“流程烦琐拖沓，我以前的公司，一个流程审批即使要过CEO，一般三四天就过了，同样的流程在飞凡能批一个月，工作效率可想而知。”他说。

公司在职的一名员工表示，飞凡目前在大规模减员，很多岗位被劝退。

“着急出来换工作的人们遍布各个互联网公司面试，一部分面试飞凡的人已经面得想吐了，甚至直接让猎头或者HR不要看简历里面带飞凡、万达网科等字样的简历。”他表示。

思考题：

1. 根据上述案例，请分析飞凡网络这个创业项目的优势和劣势。

____

____

____

2. 从上述案例中，你能找到飞凡网络融资推迟、融资难的原因吗？请做具体分析。

____

____

____

3. 融资时，投资者最看重的是什么？你认为王健林怎么做才能成功融资？

____

____

____

【案例分析】

案例一：李彦宏的第一桶金——搜索引擎

1968 年出生于山西阳泉一个普通家庭的李彦宏和他们那一代出生的人一样，没上过幼儿园，启蒙知识也基本上是他的姐姐教的。李彦宏有三个姐姐和一个妹妹。李彦宏年少时着迷过戏曲，曾被山西阳泉晋剧团录取，但最终还是放弃了。8 岁的时候，他被送到“阳泉一小”上小学。两个月后，李彦宏随着家庭的搬迁转学到晋东化工厂子弟校，其间还当过副班长。

与其他许多白手起家的财富故事迥异的是，李彦宏的故事是一个“乖孩子”的完美版本。从小学到中学直到高中，在家人、老师和同学眼里，李彦宏一直都被当作“优秀进步生”的样本，他的祖籍在山西，少年学生时代也是在那里度过的。20 世纪 90 年代的山西还不像现在，煤炭产业也未兴起，多数人家都过着普通人的生活。李彦宏虽然是班里甚至学校的优秀生代表，但小学和初中时代他并没有表现出有多聪明。

不过，“好学生”也会偶尔干些出格的事。据说，上小学五年级的时候，李彦宏给班上一位女同学传纸条，表达“爱慕之情”，被这个女生告到了班主任那，班主任通知了他的父母，老师和家长都来开“批斗会”，搞得他很没面子，也算一场不小的“桃色风波”了。

每个企业家的一生中都有从“辅路”跨上自己事业“主路”的时刻，对于个性沉默的李彦宏而言，这样的时候是在他 19 岁，甚至他还不知道的时候。这一年他考入北京大学信息情报系，此后他的生活便发生了微妙的改变。

1991 年，李彦宏留学美国。自小就立志成为科学家的李彦宏在美国纽约州立大学获得计算机硕士学位后，进入硅谷的一家高科技公司，在这里，他看到了企业家所能获得的巨大回报，原本一心想当科学家的他，从那时起决定改变自己的梦想。李彦宏的第一份工作是在美国的 IDD（Investment Dealer Digest）公司担任高级顾问，1995 年，这家公司被道琼斯收购，老板拉里从交易中获得了数百万美元的回报。李彦宏极为震惊，也正是从那时起，他明白通过创立高科技公司可以获得巨大的成功。

此后，李彦宏在帮助《华尔街日报》网络版开发软件时，发现了一种可以根据网络连接数目进行网站排名的搜索方法。但是，道琼斯的高管对此丝毫没有兴趣。1997 年，李彦宏离开了这家公司，并在美国为自己的技术申请了专利。之后在一次会议上，李彦宏遇到了 Infoseek 公司的首席技术官威廉，后者邀请他加入并担任高级工程师，一起开发第一代搜索引擎。加入 Infoseek 的头两周，兴奋的李彦宏把自己关在办公室里不停地写软件代码。

然而，1999 年 Infoseek 被迪士尼公司收购后，对搜索引擎领域没有给予足够的热情和支持。李彦宏感觉极为失落，遂决定自立门户，回国创业，并邀请好朋友徐勇做合伙人。

李彦宏偶然地成为国内搜索领域的先驱，肇端于他在美国的导师，这是他出国后遇到的第一位高人。这位计算机科学专业的导师预见到未来市场对信息检索的需求，要求李彦宏做信息检索的研究，而不是自己的专业。毕业后，李彦宏来到为《华尔街日报》做网络版的一家公司。在这家公司，李彦宏是唯一做实时金融新闻的检索系统的人，据说，他设计的实时金融系统，现在仍应用于华尔街各大公司的网站。公司的老板是位少年天才式的耶鲁博士，这位学者做公司，赚了钱，也从技术和观念上给予李彦宏足够的启发。1997 年夏天，李彦宏来到 Infoseek 公司，“猎”到他的工程师把自己对搜索系统的全套“武艺”教给一学就通的李彦宏，同时告诉他，创立一家公司会遇到什么。对于自己积累的经验，李彦宏甚至写成了一本书《硅谷商战》。

1999 年 10 月，中国政府邀请了一批海外留学生回国参加“国庆典礼”，李彦宏有幸在受邀之列。这次中国之行，从根本上坚定了他回国创业的决心。此前的 1998 年夏天，李彦宏曾经应清华大学邀请，在清华做了一次技术讲座，搜狐的一帮员工也去听他讲课，课后这些搜狐员工鼓励他说：“你有这么好的技术，还不回国自己创业？我们搜狐买你的技术!”

从“国庆典礼”返回美国的李彦宏已经无心再在 Infoseek 继续干下去，他想起了好朋友徐勇。徐勇是李彦宏刚刚从东部闯荡到硅谷的时候认识的，当时徐勇在一家制药公司做销售。后来，徐勇和一帮硅谷的中国人拍摄的纪录片《走进硅谷》，在北京电视台和内地其他电视台还播出过。11 月的某一天，徐勇邀请李彦宏到斯坦福大学参加《走进硅谷》一片的首映式，李彦宏便约好第二天与徐勇谈回国创业的大事。

1999 年圣诞节那天，李彦宏坐飞机回中国。这一回，他要回国干的搜索引擎业务，最大的竞争对手就是 Google。他决计要成为挑战者。

2000 年 5 月，百度签约第一个客户——硅谷动力。然而，就在这一年，纳斯达克高科技股崩盘，网络经济的泡沫一夜间破裂，百度也到了第一个生死存亡的关键时期。所幸的是，2000 年 9 月，李彦宏成功融资 1 000 万美元，他轻轻地松了口气。

事实上，在决定开门立户之前，李彦宏的考察从 1996 年就开始了，他充分利用每年回国的机会，在各地转悠，看高科技公司在做什么，大学里在研究什么，老百姓的电脑在干什么。直到 1999 年国庆，大家的名片上开始印 E-mail 地址了，街上有人穿印着“. com”的 T 恤了，李彦宏断定：互联网在中国成熟了，大环境可以了。而他个人呢，存折上的钱也差不多了——就算是两三年一分钱挣不到，也可以保证全家过正常的生活。于是，他决定回国实现自己的梦想。

百度公司真正开张是 2000 年 3 月，除了财务、出纳、行政外，全是技术人员，李彦宏和徐勇兼做销售，专职的技术人员有 5 人，其他都是来兼职的北大、清华的学生。不是不想多招几个技术人员，李彦宏感叹，国内真正懂搜索引擎技术的人才太少，只好一边干，一边培养。

公司创立初期，李彦宏只规定了两条办公室纪律：一是不准吸烟，二是不准带宠物。前者是因为他不吸烟，后者是因为李彦宏对猫有些过敏，会打喷嚏。这种宽松办公环境一直延续至今，作为百度公司创始人和 CEO，李彦宏如今管着近千人，办公环境特豪华，但工程师们仍然会穿着拖鞋一屁股坐在桌子上争论问题。他说："在百度，我希望聪明人永远能无拘无束地工作与思考。"

创业之初，李彦宏从没考虑过要租豪华写字楼，这个山西汉子似乎从骨子里渗透了晋商那种精打细算的沉稳与冷静。他为新公司选址在北大资源楼。这个地方紧邻北大，和中关村隔四环相望，非常适合技术创业。他这套选址的技术是从硅谷学来的，硅谷的很多 IT 创业公司就环绕斯坦福大学办公，老师和学生兼职起来方便。

每个人一生中都有坚持己见的时候，对于并不固执的李彦宏来说，这样的时刻发生在 2001 年 8 月。在那段时间里，李彦宏成功地说服了董事会和公司同事，将公司进行了一次大的战略转型。2001 年年初，IT 市场形势寒冬依然，百度则已经基本垄断了绝大多数门户网站的搜索引擎。但正因为如此，让李彦宏焦急的是，在门户网站方面基本没有进一步提高的可能，他看不到公司明年的增长点在哪里。而依靠收取技术提供费，他认为，百度是没有大发展的。

李彦宏又想到了他以前一直希望的对于搜索引擎营利模式的想法：公司竞价排名。换言之，搜索引擎公司收取企业费用，使其在可能的搜索页面上优先排序，这样可以帮助企业的潜在客户直接指向企业网站进行访问，从而赢得新客户的可能性。

因为投资者限制，他就自己找企业，希望能把这个模式让一个企业来实施，但是，出乎意料的是，找了一年，谈了十来家企业，没有一家企业认同这样的模式，李彦宏只得作罢。李彦宏认为，现在再次提出，阻碍并不在于模式，而在于他希望此次转变更为彻底：将公司由技术提供商转变为一家直接面对终端网民的搜索引擎网站。这样的好处在于，不会对门户网站产生更大的依赖；坏处则所有的人都想得到，百度将和最大客户发生竞争关系。

这样的方案，李彦宏几乎没有支持者。报告交给董事会以后，得到的是一片反对意见。哪怕在公司内部，他的搭档徐勇也表示并不赞同。这位百度负责销售的搭档预见到实施后的销售下滑情况。两个爽直的"海归"谁也说服不了谁，只有在"董事会上见"。决定性的电话会议是在深圳办公室开的，董事们几乎毫不客气，而且异常坚决。李彦宏在会议上滔滔不绝，慷慨激昂地说了两三个小时，拿出了当年在北大参加辩论赛的劲头。直到最后都没有人同意他的意见，但方案还是通过了，包括那些最为保守的董事，他们被李彦宏的坚持所打动了。

作为合作无间的搭档，李彦宏和徐勇立刻开始了调整的工作。2001 年 9 月，百度在公司内部增加了竞价排名的部门和市场部门。很多工作开展了起来，而更多的调整在心态和思路上。2002 年年底，公司发展到 120 多名员工。2003 年年初，百度实现了税前利润第二季度全面营利。在当前的百度收入中，竞价排名占到了 80 % 的份额，其余的 20% 分别来自出售面向企业的搜索软件和为门户网站提供搜索技术。2003 年的收入达之前的 5 倍，2002 年比 2001 年大概增长了 3 倍。

当前，企业付给百度的推广预付金起价是 1 500 元人民币，此外，百度还可以依靠点击数来收取佣金，如果企业希望提高自己在搜索中的排名位置，就必须参加排名竞价。目前，百度的竞价排名客户总数达到了数十万家。

作为技术工作者，李彦宏现在仍然和工程师们一起“劳动”。而他考虑得更多的，是公司下一步的战略发展。成功后的李彦宏更是对成功有了新的感悟——如果把财富看得更广义一点的话，它应该意味着幸福才对。

思考题：

1. 让李彦宏看到搜索引擎有广阔发展前景的原因是什么？

2. 李彦宏的企业营销策略有哪些值得我们学习？

3. 通过阅读本文，你认为李彦宏是一个怎样的人？

总结分析：

（1）站在巨人的肩膀上，积极模仿实操，率先占据竞争市场，把企业做精做优，每一个细节都发挥至完美状态，这些正是李彦宏成功的基础要素。

（2）抓住时机、善于观察是王者风范的体现，在学习先进技术的同时，不断挖掘潜在市场，了解当今时代潮流和发展趋势是李彦宏成功的必备条件。

案例二：创造 500 亿的财富指南

1962 年出生的史玉柱，在安徽省怀远县城里度过了他的童年。他的父亲是县公安局干警，母亲是工人。因为痴迷小人书，小学四年级的时候他学习成绩一落千丈，居然成了留级生，气得妈妈把他整整一箱小人书全都烧光，但书上描写的那些古代英雄，特别是《三国演义》中的人物，却永远留在了他的记忆中。小人书没有了，他只好找来《十万个为什么》看，很快又迷上了科学技术，千方百计地去试验和探究。他动手装配过简陋的收音机，甚至自行配制过黑色炸药，爆炸声把别人吓出了一身冷汗，从此获得了“史大胆”的绰号。

到了初中阶段，史玉柱终于“改邪归正”，开始疯狂地学习，各门功课的成绩都直线上升。1980 年，他以怀远县考生中最优异的成绩考上了浙江大学数学系。在大学期间，史玉柱表现出对新鲜事物异乎寻常的兴趣，涉猎的范围广泛。无论是打网球、玩桥牌、弹吉他，还是踢足球，史玉柱总是在同学中第一个去尝试，他还是系足球队的主力前卫队员。

史玉柱的创业是极其艰苦的，他一没有资金，二没有靠山，全部“家当”是东挪西借的 4 000 元人民币。史玉柱联合了几位青年伙伴，大胆承包了深圳大学科技工贸公司电脑服务部，当然，创业资金也就是那一直舍不得花掉的 4 000 元。史玉柱他们当时只有汉卡，穷到了买不起一台电脑的地步。

没有电脑，当然无法制造电脑配套产品，史玉柱当即做出第一个大胆的决策：一台电脑的市场价格是 8 500 元，他以加价 1 000 元的条件，换来延期付款半个月的“优惠”，也就是说，半个月内暂不交款，半个月后却要付出 9 500 元。他的第二项大胆决策是做广告。没有钱交广告费，但同样可以采用延期付款的方式，先打广告后交钱。一家著名的报纸《计算机世界》同意了他的请求，用半个版面为 M6041 做宣传，但规定费用必须在半个月内交清。两项大胆的决策，把史玉柱的电脑服务部逼上了绝路：15 天内，他们若挣不到 17 000 元钱，就是砸锅卖铁也还不了这个当时属于巨额数字的债务！

终于在 13 天后，奇迹出现了。这一天，史玉柱一共收到了三张订单，近 2 万元的汇款，不仅挽救了史玉柱的小企业，也昭示着未来“巨人”的正式起步。当一张张订单纷至沓来后，史玉柱把所得的收入再次统统投入广告，4 个月后，他们的营业收入已经超过 100 万元人民币。初具成效的史玉柱打算一鼓作气，继续向着他光明的事业不断迈进。

1991 年，史玉柱移师珠海，注册成立了巨人新技术公司。之所以用“巨人”命名公司，是因为他想做中国的 IBM，东方的巨人！1992 年，巨人公司的 M6403 汉卡卖出了 2.3 万套，实现利润 3 500 万元，公司员工很快发展到 200 多人。到 1993 年，巨人集团下属全资子公司已经发展到 38 个，迅速成长为全国第二大民办高科技企业。那一年，史玉柱才 31 岁，他作为唯一以高科技起家的民营企业代表，被列为《福布斯》大陆富豪第 8 位，只用了短短 5 年时间。

1993 年也是巨人集团出现大转折的一年。由于集团发展一帆风顺，史玉柱的头脑开始发热，他下令全方位出击，向房地产和生物工程领域进军。他的计划是，到 2000 年，让巨人集团的资产发展到 100 亿元。市场经济的竞争是无情的，往往会出现“一着不慎满盘皆输”的结局。史玉柱连着下了两招致命的“臭棋”，为“巨人”的倒下埋下了伏笔，也正是在 1995 年，史玉柱亲眼看见了巨人事业从辉煌的顶峰走向了大溃败。

1998 年，山穷水尽的史玉柱找朋友借了 50 万元，开始运作脑白金。手中仅有的 50 万元已容不得史玉柱再像以往那样高举高打、大鸣大放。最终，他把江阴作为东山再起的根据地。启动江阴市场之前，史玉柱率先做了一次“江阴调查”。通过走访调查，他敏感地意识到其中大有名堂，便因势利导，推出了家喻户晓的广告——“今年过节不收礼，收礼只收脑白金”。这则广告无疑已经成了中国广告史上的一个传奇，尽管无数次被人诟病为功利和俗气，但它至今已被整整播放了10年，累积带来了100多亿元的销售额，这两点的任何一个都足以让它难觅敌手。

2000年，公司创造了13亿元的销售奇迹，成为保健品的状元，并在全国拥有200多个销售点的庞大营销网络，规模超过了鼎盛时期的巨人。

2006年，史玉柱当选“IT十大风云人物”“2006年度中国游戏行业新锐人物”“2006年度中国游戏产业最具影响力人物奖”。

2007年，史玉柱当选“2007最具影响力企业领袖”“2007十大影响力精英”。

2012《财富》中国最具影响力的50位商界领袖排行榜，史玉柱榜上有名，排名第22位。

2018年10月25日，史玉柱以89.7亿元财富排名《2018福布斯中国400富豪榜》第239位。

思考题：

1. 创业初期的史玉柱想到了哪些好点子来偿还债务？

2. 巨人公司给史玉柱带来了哪些现实收益？

3. 通过阅读本文，你认为促成史玉柱成功的关键要素是什么？

总结分析：

（1）从巨人汉卡到巨人大厦，从脑白金到黄金搭档，史玉柱是具有传奇色彩的创业者之一。他曾是莘莘学子万分敬仰的创业天才，也曾是无数企业家引以为戒的失败典型，他的成败突显出“执着与毅力”的魅力与价值。

（2）事业的跌宕起伏，世间的是非议论，唯有敢与苦难做伴的人，才能从跌倒的阴影中爬起来，迈向成功。史玉柱的“王者风范”值得我们每一个人学习。

专题十一　创办新的企业

实训一　选择企业组织形式

【实训目的】

1. 了解企业组织形式的概念及种类。
2. 学会选择企业组织形式。

【实训流程】

流程1　熟悉企业组织形式的种类

企业组织形式，根据不同的标准具有不同的分类。请查找资料，找出所有公司组织形式的种类，并分析出每种组织形式的成立条件、特征、与其他形式的区别。按照企业规模划分，可参考以下表格。

企业组织形式	成立条件	特征 （优缺点）	区别
个体工商户			
个人独资企业			
合作企业			
有限责任公司			
股份有限公司			

流程 2　分析影响因素

要选择创业公司的组织形式，创业者会分析哪些重要因素，请在理解上述内容的基础上结合你们团队的创业项目进行分析。请将关键点例如资产保护情况、责任情况、税收情况等进行记录。

流程 3　确定企业组织形式

请将以上分析要素进行总结，制作成 PPT 形式，使其形成一个具有说服力的方案，最后确定你们团队的企业组织形式，并向其他小组展示，记录其他小组及老师的建议或意见。

【实训思考】

创业者能随心所欲塑造企业组织形式吗？如企业在发展中，刚开始确定的企业组织形式不再适合企业的发展，该怎么做？

实训二　确定公司地址

【实训目的】

1. 理解公司选址的重要性。
2. 掌握公司选址的原则与方法。

【实训流程】

流程 1　阅读下列材料

麦当劳是大型的连锁快餐集团，在世界上大约有三万间分店。在选址问题上，麦当劳有一本厚达千页的规范手册作为指导，一切都程序化。广泛而详尽的店址决策系统，包括人口统计数据库和以人口统计为基础的专业行销研究机构的决策支持。麦当劳借助此系统能对目标店址方圆五至七公里范围内的消费群和竞争态势做出透彻分析，这保证了麦当劳商铺选址上的万无一失。

麦当劳在选址上一直遵循两个重要原则：一是方便顾客就餐，尽可能方便顾客的光临。麦当劳的选址，精确到“米”，方法有“数灯泡”“步量”等，尽量让人们最需要时容易找到它们。二是按照顾客活动和车辆行人往来的规律来进行。因为研究显示，四分之三的顾客是在办别的事时顺便来麦当劳就餐，于是选址方式又特别注意顾客活动和车辆行人往来的规律。

城市的规划是一个城市未来发展的方向，麦当劳将城市未来的发展趋势也纳入了选址的重要因素。麦当劳布点的最大原则，就是 20 年租期不变。所以对每个店的开与否，都要通过 3 个月到 6 个月的考察，再做决策评估。考察重点是看其是否与城市规划发展相符合，是否会出现市政动迁和周围人口动迁，是否会进入城市规划中的红线范围。进入红线的，坚决不碰；老化的商圈，坚决不设点。有发展前途的商街和商圈、新辟的学院区、住宅区是布点考虑的地区。在 20 年不变的原则下，进行市场调查和资料信息的收集，其中包括人口、经济水平、消费能力、发展规模和潜力、收入水平以及前期研究商圈的等级和发展机会及成长空间。其次，对不同商圈中的物业进行评估。包括人流测试、顾客能力对比、可见度和方便性的考量等，以得到最佳的位置和合理选择。在了解市场价格、面积划分、工程物业配套条件及权属性质等方面的基础上进行营业额预估和财务分析，最终确定该位置是否有能力开设一家麦当劳餐厅。

麦当劳在选址中前进的每一步，都是以缜密调查为基础的。仔细观察麦当劳快餐厅在天津的扩张，不难发现，麦当劳快餐厅几乎都是建在大型商业设施旁边。将绝大多数店铺建在大型商业设施旁边表现出来的必然性，便是麦当劳选址营销策略的规律特征，以大型商业设施为依托比较容易获得客源。因为人们选择快餐往往是顺便而就，而不会单独计划去某处快餐厅就餐。此外，麦当劳选址时将年轻人、儿童和家庭成员作为目标消费群。麦当劳还讲究醒目，设点一定要在一楼或二楼的临街店堂，要有透明落地玻璃窗，让路上行人感到麦当劳的文化氛围。而且，当黄金地段的房价过高，房主要价超过投资心理价位时，麦当劳一般不急于求成。麦当劳在选址中能够优势互动，其往往选择品牌知名度和信誉度较高的家乐福、沃尔玛等知名百货企业来开店中店，这样既可为百货企业带来客源，又吸引逛商场的顾客到麦当劳就餐。

流程 2　分析选址原则

请根据上述材料，分析麦当劳在选址时遵循了哪些原则，考虑了哪些因素。将选址原则总结在下面的横线上。

____

____

____

流程 2　编写调研方案

根据以上选址原则，请结合你的创业项目，针对选址问题编写调研方案，确定调研内容、调研方法、调研人员及分工情况。其中，调研内容至少应该包括表格内的内容。

调研方案
1. 调研内容 （1）企业目标客户在哪里？ （2）候选地址的日客流量是多少？ （3）候选地区有多少家同行业者？实力如何？ （4）候选地址是否有长远的发展前景？ （5）候选地址是否经济繁荣？ （6）候选地段房租价位多少？ （7）候选地址的消费水平、文化品位、消费心理如何？ （8）候选地区的交通情况如何？ …………
2. 调研方法
3. 调研人员安排

流程 3 实地调研

搜集市场信息，进行实地考察，选出符合要求的公司候选地址。

调研情况记录	候选地址

流程 4 确定最终地址

请结合要进入的行业特点及自己公司的特征，采用科学的评估方法，如方案比较法、评分优选法、最小运输费用法等，完成公司地址决策。请记录决策过程。

流程 5　编制选址报告书

各小组编制出公司的选址报告书，其中应涉及选址小组意见、地理环境概述、价格等对比方案表格。

【实训思考】

在实际选址过程中，你认为最难判断的是什么？除了麦当劳的选址成功案例，你还知道哪些公司的选址策略？请自主查阅相关资料。

____

____

____

实训二　注册新公司

【实训目的】

1. 了解注册公司的条件。
2. 了解注册公司的相关手续。

【实训流程】

流程 1　了解注册条件

注册公司的条件有很多，主要有公司股东、监事、董事、公司名称、经营范围、注册资本、注册地址、公司章程、法定代表人等。请各小组在办理注册手续前，结合自己的创业项目确定好以上条件，将其写入公司章程。小组成员可以按照公司章程范本撰写本公司章程。

公司章程

第一章　公司名称和地址

第一条　公司名称：

第二条　公司地址：

第二章　公司经营范围

第三条

第三章　公司注册资本

第四条

第四章　股东的名称、出资方式、认缴额、实缴额

第五条

第六条

第五章　公司类型

第七条

第六章　股东的出资方式、出资额和出资时间

第八条

第九条

第七章　公司的机构及其产生办法、职权、议事规则

第十条

第十一条

第十二条

第八章　公司法定代表人

第十三条

第十四条

…………

第九章　公司的股权转让

…………

第十章　财务、会计、利润分配及劳动用工制度

…………

第十一章　公司的营业期限

…………

第十二章　公司的解散与清算

…………

第十三章　股东认为需要规定的其他事项

…………

流程 2　理清注册相关手续

请查阅相关资料，画出一般公司的注册流程图，并结合你所确定的公司组织形式，了解具体的注册手续。

流程 3　办理注册相关手续

请根据创业项目的实际情况办理注册手续，记录在实际办理注册手续时遇到的问题，与其他小组交流办理注册手续的具体差异。

【实训思考】

你能分清各个公章的具体用途吗？若后期要变更公司名称，应如何办理？在注册新公司时还有哪些问题需要了解？

【案例思考】

张强的创业

张强准备与他的 3 个朋友在常州市一起创办一家开发防盗系统的企业，他们一共凑齐了 50 万元，随后就开始张罗着选址、注册、给企业起名字。4 个从来没有创办企业经历的年轻人从注册这一步就开始“晕菜”了。虽然在产品的设计开发中他们个个都是好手，但是在准备创办企业这件事上，他们甚至连工商管理部门的大门朝哪边儿开都不清楚，这让他们心里没了底。

为了了解注册程序，他们先到工商管理部门拿了一套企业注册的程序介绍。4 个人回来研究了一番，却发现越研究越不明白。像他们这样开发防盗系统的企业究竟应该注册成什么类型的？应该提供哪些资料？究竟该怎么给自己的企业起名？4 个人商讨了好几个晚上还是没有个结果。烦琐的注册程序，使 4 个人同时产生了畏难情绪。

思考题：

1. 张强现在面临哪些问题？

____

____

____

2. 上述案例对初办型企业有哪些启示？

____

____

____

3. 对于新企业，什么最重要？如何避免案例中的问题？

____

____

____

【案例分析】

案例一：李嘉诚的财富管理之道

来看一下李嘉诚财富管理的秘诀，他的财富管理具体分为资本杠杆与资产配置两大类。

李嘉诚对资本杠杆的首次运用在 20 世纪世纪 70 年代初。1972 年，李嘉诚的长江地产上市了。他在上市前有一个动作，将长江地产改名为长江实业。为什么要改这个名字呢？当然最主要的是战略转型，但还有一个很现实的目的——提高发行市盈率。地产企业是周期性行业，平均市盈率偏低，在全球都是如此，仅此改名，就可以让发行市盈率提升好多个百分点。

在融资后，他并没有轻易扩张，更没有奢侈斗富，而是韬光养晦，他在等待什么呢？

原来，他在等待在滞胀时期寻找低价优质资产的机会！李嘉诚于 1974 年买入希尔顿旗下的永高酒店；1978 年，长江实业蛇吞象，借贷买入了资产数倍于他的和记黄埔，一战成名，奠定了家族的基石。李嘉诚的买入时机都是在市场低迷的时候，节奏把握到极致。

李嘉诚不仅精于实业经营，更善于资本运作。据港媒 2010 年 12 月 22 日报道，长和系主席李嘉诚将筹备分拆旗下内地出租物业，于 2011 年上半年以人民币计价的地产投资信托基金（REITs）方式在香港上市。李嘉诚于 2011 年 1 月 7 日表示，分拆内地商业物业，在港以人民币计价方式上市的 REITs 计划进展良好，预示着该计划已经进入实质性阶段。该信托基金拟初步筹资约 100 亿元人民币，市值最多 330 亿元人民币。

倘若说上面的资本杠杆还只是证明李嘉诚投资节奏把握得很好，是一个低买高卖（低迷买入、高价增发上市）的高手。那真正促使他保值增值的就是资产配置了。

长江实业并购和记黄埔之后，不断地调整战略，以平滑现金流，抵抗产业周期风险。以 1998 到 2001 年为例，和记黄埔下属有七大行业。如果仅仅观察单个行业的盈利增长率，七大行业的最低增长率是 -50%（1998 年的零售生产），最高增长率是 200%（2000 年能源行业）。

由此可见，和记黄埔的七大行业之间有很强的互补性。譬如，1998 年零售差，基建和电讯业务好；1999 年物业和财务投资差，但是零售却很好；2000 年零售、物业和基建都差，但是能源好；2001 年零售和能源比较差，但是其他五个行业都很好。和记黄埔、长江实业不同业务有着不同的回报期，确保每段时间都有足够的现金流，以资助回报期长的业务的资本投入。

从对比长江实业、和记黄埔与恒生指数的走势来看，李嘉诚的多元化风险分散策略几乎达到了出神入化的程度。从 1980 年至今，长江实业、和记黄埔与恒生指数的走势基本一致，相关度分别高达 96.4% 和 84.89%。这说明李嘉诚产业的分散效果几乎达到了整个市场的分散程度。

另一方面来看一下李嘉诚家族财富管理观念。

2012 年 5 月 25 日，在长和系股东大会后的记者会上，李嘉诚公开宣布了自己的财产分配计划。根据李嘉诚的安排，实业部分即未来长和系旗下所有资产，将会交予长子李泽钜管理，他将得到超过 40% 的长江实业及和记黄埔的股权，以及加拿大最大的能源公司赫斯从 35% 的股权。

次子李泽楷将得到父亲的现金资产，用于并购他喜欢的公司，其金额则以“倍数计”。李嘉诚说，李泽楷所并购公司不会涉及目前长和系旗下的“六个系”业务，也不是传媒、娱乐项目，而是传统和长远的项目。即使并购不成功，他也会预备这笔资金让小儿子发展新事业。

李嘉诚还有“第三个儿子”，就是他的慈善基金。基金会的资产会交由两个儿子管理，并由长子李泽钜担任主席。他承诺，基金会的资金规模会远远超过大家的预期规模。

李嘉诚家族所涉及的255亿美元财产分配问题，终于尘埃落定。这种分配方案并没有超出预期，之所以做出这样的决定，完全是为了孩子“量身定做”。长子李泽钜在长江实业已经超过20年，圈里人对他的常用评价是“很守规矩”。所以，循规蹈矩的李泽钜与我国香港各界的关系都比较融洽。次子李泽楷则十分个性，不太注重传统，似乎并不是很在乎方方面面的关系，他选择了“自立门户”，依靠自己的计算机专业和兴趣，创立了盈科拓展集团。李泽钜人如其名，稳重踏实，中规中矩，非常懂事；李泽楷则锋芒其外，个性十足。不难窥出，性格的差异，已经决定了俩兄弟日后不同的人生之路。从这一点上看，虽然李嘉诚常在公开场合对沉稳踏实的长子李泽钜赞赏有加，其实深层次上更像他的是李泽楷，永远对世界有着好奇的探索和开放的心态，这样才能让事业真正延续下去。

对于常挂在李嘉诚口边的“第三个儿子”——李嘉诚慈善基金会，则有自己的生命，无论分产后大儿子和二儿子如何进行属于他们的“二次创业”，起码“第三个儿子”总是能为李嘉诚取得令人瞩目的成绩。

思考题：

1. 李嘉诚的资本杠杆策略是如何运用的？

2. 李嘉诚的资产配置是如何分配的？

3. 李嘉诚的家族财富管理观念是怎样的？

总结分析：

（1）李嘉诚有一句名言：长江不择细流，故能浩荡万里。在他数十年的经营之中，他表现出足够的耐心。理财亦如此，更需要耐心。

（2）李嘉诚认为：20岁到30岁是一个人赚钱和存钱的重要时期，管钱，即理财，则是30岁之后的事。不同的年纪，理财策略也要随之改变，而非固守一套方法。

案例二：屹立80年不倒的商业传奇——王永庆的传奇故事

王永庆是现代商业史上一颗熠熠生辉的巨星。人们尊他为“产业之父”，敬他为“经营之神”，这不仅在于他凭借自己的聪明才智和艰苦努力取得了商业领域的骄人业绩，还在于他拥有一套独特的投资和经营绝学。

王永庆的祖籍在福建省安溪县，一家人过着十分艰难的生活，几代人都以种茶为生，只能勉强糊口。王永庆的父亲王长庚整日照看茶园，微薄的收入仅能勉强支撑着一个家庭的正常开销。王永庆9岁那年，王长庚不幸患病只得卧床休养，王永庆找到一份放牛的工作，开始用自己瘦小的肩膀帮助母亲分担生活的重担。到了 15 岁，王永庆小学毕业，先到茶园做杂工，后到台湾南部嘉义县的一家小米店当了一年学徒。次年，王永庆做出人生中的第一个重要决定，开米店自己当老板，启动资金则是父亲向别人借来的 200 块钱。

问题随之而来，王永庆的米店开张后生意惨淡，原因是隔壁的日本米店具有竞争优势，而城里的其他米店又有一些长期的老顾客。不过，16 岁的王永庆展现了超强的营销能力，不仅挨家挨户上门推销自己的大米，而且还免费给居民洗米缸，按现在的营销学来说，王永庆向嘉义县老百姓提供的是针对性极强的个性化服务，在维系客户关系上逐渐占了上风。回首王永庆走过的创业之路，里面充满了太多的艰辛与苦涩。在他的苦心经营下，他的米店和碾米厂都获得了成功。

然而，就在王永庆踌躇满志，准备扩大经营时，台湾的大环境却发生了急剧的变化，这一变化，深深地影响了王永庆和其他经营者甚至是所有台湾人的生活。当时，日本帝国主义扩大了侵略战争，加紧了对中国台湾的掠夺，它们强行规定一切人力、物力都要优先供应战争所需，导致整个台湾物资极度匮乏。在无法改变大环境的情况下，王永庆的米店和碾米厂只好关门歇业。在两年时间内，王永庆的事业接连遭受重挫，但是这些挫折并没有消耗掉他的斗志，重新调整自己的心态后，王永庆开始寻找新的创业机会，经过考察市场，他发现从事木材生意前景比较好，并意外地结识了建南汽车货运公司的老板林先生。

林先生在了解王永庆的几次创业经历后，认为他是个不可多得的经营奇才，便决定帮助王永庆，借给他一笔钱用来做木材生意。但是，由于王永庆自身对经营木材没有经验，而且这一行业早就被日本人操纵，中国人一般只能做辅助性工作，因此，他的木材事业刚一开业，就举步维艰，陷入了困境，最后连林先生的借款都还不上了。

经历了失败后，王永庆并没有认输，重新调整好心态后的王永庆，又来到了那位曾支持他做木材生意的林先生的家。他对上次亏本的事表示了真诚的歉意，并分析了自己失败的原因，最后说明了自己还想继续创业的想法。林先生很欣赏王永庆那股愈挫愈勇的精神，他没有批评王永庆，反而又拿出一笔钱来支持他，让王永庆继续经营木材生意。在林先生的再次资助下，王永庆又一次涉足木材行业，这次，他更加谨慎，不敢有丝毫大意。为了掌握木材生意的诀窍，他不辞辛苦，亲自到嘉义的阿里山林场、丰原的大雪山林场、罗东的太平山林场等。他和伐木工人交谈，和林场负责人亲自沟通，一段时间后，他对整个木材行业已经相当熟悉。但是，当时民间购买木材的能力并不强，因为战争的影响，加上日本人垄断性经营，在较长一段时间里，王永庆只是维持着生意，并没有获得多少利润。

1945 年，日本宣布无条件投降，台湾重新回到祖国的怀抱，王永庆在和人们一起欢呼的同时，从中看到了商机。日本侵略者撤出后，台湾百废待兴，这就带动了木材业的发展，王永庆的木材生意也日渐转好。面对市场的需求，他利用自己的优势，以及这几年来积累的丰富经验，在短短的几年里，便获得了丰厚的利润。到 30 岁时，王永庆的身价超过 5 000 万元台币，正是靠着这笔巨大的财富作为支撑，他的事业迅速发展起来。

随着经营木材业的商家越来越多，竞争也越来越激烈。王永庆毅然决定退出木材行业。20 世纪 50 年代初，台湾急需发展的几大行业是纺织、水泥、塑胶等工业。当时台湾的化学工业中有地位、有影响的企业家是何义，可是何义到国外考察后，认为台湾的塑胶产品无论如何也竞争不过日本的产品，所以不愿向台湾的塑胶工业投资。出人意料的是，当时还是个名不见经传的普通商人王永庆，却主动表示愿意投资塑胶业。消息传出，王永庆的朋友都认为王永庆是想发财想昏了头，纷纷劝他放弃这种异想天开的决定。当地一个有名的化学家公然嘲笑王永庆根本不知道塑胶为何物，开办塑胶厂肯定要倾家荡产。

1954 年，他和商人赵廷箴合作，筹措了 50 万美元的资金，创办了台湾岛上第一家塑胶公司。在公司建成投产后，的确如人们所料出现了经营上的困难，但是王永庆在其他合伙人纷纷退出的情形下背水一战，变卖了自己的全部财产，买下了公司的全部产权，使台塑公司成为他独资经营的产业。

后来，由于王永庆强大的自信心、独到的眼光和独特的经营能力，王永庆的第一次塑胶事业就这样成功了。目前，台塑集团经营范围十分广泛，包括炼油、石化原料、塑料加工、纤维、纺织、电子材料、半导体、汽车、发电、机械、运输、生物科技、教育与医疗事业等。尤其是在石化工业领域，建立起从原油进口、运输、冶炼、裂解、加工制造到成品油零售等一体化的完整产业链，成了台湾独一无二的企业集团。

思考题：

1. 王永庆创业初期几经波折，是什么让他坚持到了最后？
2. 王永庆经营了一段木材生意，这对他日后的企业发展有什么帮助？
3. 你从王永庆的成功案例中受到了什么启发？

总结分析：

（1）王永庆在总结成功的经验时说，他认为最有效同时也是最有意义的做法，是选择“永远追求更大贡献”作为企业的目标。

（2）为社会做更大的贡献，企业就会鼓舞斗志，继续不断地扩充事业规模，经常保持着迎接新挑战的热情，以及对至善境界的追求。

专题十二　新企业的运营管理

实训一　分析运营管理能力

【实训目的】

1. 了解企业需要哪几方面的运营管理能力。
2. 了解自己的实际运营管理能力。

【实训流程】

流程 1　初识运营管理

根据你的理解，谈谈什么是运营管理。一个企业在运营管理中会遇到哪些方面的挑战？这些挑战都需要管理者具备什么运营管理能力？

什么是运营管理
企业成长中可能会遇到的挑战
需要具备什么运营管理能力

流程 2　测试运营管理能力

在认识以上基本能力的前提下，请测试你的运营管理能力。下面这些能力的大小可以用强、一般、弱来表示，请根据自己的实际情况进行判断。

1. 测试营销管理能力

（1）你的市场调研能力。

（2）你的营销计划能力。

（3）你的产品定价能力。

（4）你的销售管理能力。

（5）你的电话销售能力。

（6）你的顾客服务能力。

（7）你的分销管理能力。

（8）你的产品管理能力。

（9）你的新产品规划能力。

2. 测试运营或生产能力

（1）你的制造管理能力。

（2）你的库存控制能力。

（3）你的成本分析控制能力。

（4）你的质量控制能力。

（5）你的生产流程与进度安排能力。

（6）你的采购能力。

（7）你的岗位评估能力。

3. 测试财务管理能力

（1）你的会计能力。

（2）你的资本运算能力。

（3）你的现金流管理能力。

（4）你的贷款和收款管理能力。

（5）你的短期融资能力。

（6）你的公开招股与私募能力。

4. 测试人力资源管理能力

（1）你的人事管理能力。

（2）你的反馈能力。

（3）你的冲突管理能力。

（4）你的团队合作与人员管理能力。

（5）你的人员指导和帮助能力。

5. 测试管理法律问题能力

（1）你对公司法的了解程度。

（2）你对合同法的了解程度。

（3）你对税法的了解程度。

（4）你对证券法的了解程度。

（5）你对专利和知识产权法的了解程度。

（6）你对物权法的了解程度。

（7）你对破产法的了解程度。

6. 测试一般管理能力

（1）你的解决问题能力。

（2）你的沟通能力。

（3）你的规划能力。

（4）你的项目管理能力。

（5）你的谈判能力。

（6）你的信息管理能力。

（7）你的时间管理能力。

流程 3　分析运营管理能力

根据以上测试情况，请你对自己的运营管理能力做一个总体评价，分析自己在哪些方面存在差距。

____

____

____

流程 4　提高运营管理能力

根据你的分析，请你每天为自己制定一个具体任务来提高自己的运营管理能力。如，阅读哪方面的管理书籍，你可以学习哪些企业运营课程。

我的任务清单

【实训思考】

运营管理能力会怎样影响一个新企业的成长？你周围有哪些创业者？其中谁的运营管理能力最好？请你向其请教至少三个关于企业运营管理的问题。

____

____

____

实训二　实施标杆瞄准

【实训目的】

1. 学习标杆瞄准经营管理法。
2. 提高运营管理能力。

【实训流程】

流程 1　认识标杆瞄准

标杆瞄准是企业将自己的产品、服务、成本和经营实践，与那些在相应方面表现最优秀、最卓有成效的企业（并不局限于同一行业）相比较，以改进本企业经营业绩和业务表现的一个不间断的精益求精的过程。

流程 2　制订标杆瞄准计划

请找一个刚创办的企业或你自己的企业作为目标企业，搜集该企业的内部作业信息，了解目前的作业方式，并且对其进行检讨，找出需要改进的部分，制作标杆瞄准计划。

流程 3　寻找标杆企业

请根据以上企业需要改进的地方，寻找可以效仿的标杆企业，联系其中一家或多家企业邀约访谈，学习其方法。

标杆企业：

访谈提纲：

流程 4　实施访谈

根据访谈提纲进行访问，尤其针对目标企业需要改进的地方进行详谈，了解标杆企业的具体经营方法，请做好记录。

流程 5　比较分析

比较标杆企业的方法与目标企业的方法，识别差异，分析标杆企业为什么绩效更好。

流程 6　实践新方法

在目标企业中实践新方法。在这过程中，为了评估效果，请做好相应的记录。

【实训思考】

标杆瞄准的经营方法对你有哪些启示？你还可以在哪些方面使用该方法？

实训三 模拟企业财务管理

【实训目的】

1. 能合理地进行财务运算。
2. 能合理地进行现金管理。

【实训流程】

流程 1 编制财务预算

根据某一新创企业或你自己的企业的经营情况，编制现金预算表。

	第一期	第二期	第三期	第四期
支付广告费				
采购原材料				
更新生产设备				
投资新生产线				
借短期贷款				
借长期贷款				
应收款变现收入				
产品研发				
管理费				
维护费				
长期贷款利息				
ISO				
开拓市场				
还短贷本息				
收入小计				
支出小计				
明年初需要偿还的长/短贷和利息				
期初现金				
收入合计				
支出合计				
期末现金				

流程 2　进行现金管理

在现金预算的基础上，为进行有效的现金管理，请按照以下内容制定出相关的控制制度或管理方案。

1. 财务控制制度。

____

____

____

2. 现金预算控制方案。

____

____

____

3. 应收账款控制方案。

____

____

____

4. 固定资产控制方案。

____

____

____

5. 成本控制方案。

____

____

____

6. 风险控制方案。

____

____

____

【实训思考】

财务管理对企业的发展有哪些影响？你还会通过什么方法来保证企业的财务正常运转？

____

____

【案例思考】

UPS 和 FedEx 的抗衡

FedEx 动如脱兔，UPS 则静若处子。两个速递巨头以不同的策略掀起了新一轮无线军备竞赛。

UPS 和 FedEx，这两个超重量级速递选手总是在寻求超越对手的竞争优势。在旷日持久的角逐中，双方都不约而同地加大了在无线技术——能够削减成本、提高资源利用率的投资，无线技术已经成为它们保持优势的有效武器。

FedEx 每天要处理的包裹量大概在 500 万件左右，UPS 的处理量则超过 1300 万件。如此巨大的业务量，让每秒钟的滴嗒声在这两家公司都显得异常珍贵。面对巨大的业务吞吐量，无论是 UPS 还是 FedEx 都必须依靠近乎实时的数据传输才能将各环节控制得当。正是投递员和货运枢纽配备的无线设备提供了让这两架庞大的速递机器正常运转的准实时数据。

尽管技术策略不同，但有趣的是，两家公司都不约而同地选择了同样的技术——802.11b无线局域网、蓝牙和 GPRS。

UPS 和 FedEx 在全球拥有数万名投递员，他们每天要进行数百万次的取货和投递工作，这种大量而多环节的人工操作可能带来巨大的时间支出。因此，UPS 和 FedEx 首先将精挑细选的无线技术都“武装”到了投递员身上。

如今，FedEx 公司的投递员手持的都是 PowerPad。在取件过程中，他们可以通过蓝牙扫描器获得包裹信息，这比他们原来的手持机与数据槽相连的方式减少了约 10 分钟。仅 4 万名投递员使用 PowerPad 一项，就能每年节省 2000 万美元。

UPS 用于抗衡 FedEx 的 PowerPad 的是一种新的手持设备——DIAD Ⅳ（第四代投递信息采集器）。从功能上看，DIAD Ⅳ和 PowerPad 非常相似；但不同的是，UPS 的 7 万部 DIAD Ⅳ是采用数字蜂窝网络传送数据的。从 DIAD Ⅲ开始，UPS 就一直持续进行升级并保证新系统能兼容旧系统。

不过，来自 FedEx 的蓝牙应用也让 UPS 感到不安。为此，UPS 在新的手持机中植入蓝牙技术，这样，它的投递员在 GPRS 信号较弱的建筑物里也能顺利地读取包裹的信息，以实时向总部汇报。同时，UPS 还利用蓝牙技术统计投递员各种操作的时间，甚至连投递员上下投递车的时间也逃脱不了蓝牙的监控。

如何善用技术？UPS 和 FedEx 显示出了不同的商业智慧。FedEx 一直紧跟新技术，甚至往往在某些新技术刚一成熟时就马上采用它们。相比之下，UPS 保守的战略方针更注重那些能明显提升效率的技术。

不过，一个有趣的现象正在出现——两家公司越来越注重借鉴对方的经验。当一些技术的变化展示出新的市场机会时，UPS 开始立即跟进；而 FedEx 也开始为那些可能存在长期收益的技术做尽可能充分的准备。

思考题：

1. 在企业的运营过程中，影响企业竞争优势的主要因素有哪些？

____

____

____

2. 在快递行业中获得竞争优势的关键是什么？

____

____

____

3. 联系本案例，谈谈你对快递行业如何取得竞争优势的看法。

____

____

____

【案例分析】

案例一：从 2000 万美元到 655 亿美元

19 年前，孙正义在当时名不见经传的阿里巴巴上投下了 2000 万美元的赌注。19 年后，这家当时的互联网门户网站演变成了中国头号网上购物商城，并且于 2014 年在纽交所上市。据媒体报道，目前软银集团持有阿里巴巴集团约 28.8% 的股权，孙正义在 2000 年以 2000 万美元购人阿里巴巴的股份，至此其账面价值将超过 655 亿美元，获利超 3000 倍。

1999 年 3 月，马云正式辞去公职，和他的团队回到杭州，开始了他真正的神话。回到杭州之后，马云带着 18 人的创业团队以 50 万元人民币开始了新一轮创业，开发阿里巴巴网站，誓要建设日本、美国、欧盟都没有成功的大规模 B2B（企业间电子商务交易）网站。他雄伟的目标展露无遗，势必要在他那个年代绽放出光芒。而此时的孙正义，只因对UT斯达康的成功投资，使得一直专注于互联网投资的他意外发现了中国互联网市场深不可测的发展潜力，于是决定筹备软银中国基金，借此开启中国这盘棋局。

1999年10月，基金筹备进入尾声，孙正义选择此时来到中国，不仅仅是来为软银中国基金公司道贺助威，更深层次的原因是在中国的投资布局寻找棋子落点。孙正义安排摩根士丹利公司帮忙安排甄选一批资质不错的互联网公司进行会面。机缘巧合地，作为摩根士丹利亚洲互联网研究公司的分析专家古塔，第一时间想到的是他的老朋友马云。因此便有了接下来发生的事情。10月的一天，马云收到古塔的一封邮件。“世界级的风险投资家想见你。一定会使你今后的商业人生发生重大的改变。”

此时的马云刚刚获得了高盛500万美元的风险投资，正忙于阿里巴巴的建设，因此便忽略了这封邮件。没想到几天过后，古塔竟然专门打电话催促马云，并且一再强调这个人对阿里巴巴未来的发展非常重要，让马云一定要重视。马云压制不住心中的讶异，决定见一见这位神秘的“世界级的风险投资家”。会面地址在北京，来到后马云才知道这个神秘的人物就是中国人称作“网络投资皇帝”的大名鼎鼎的孙正义。关于孙正义的传说，马云知之甚多，这个矮小但却仪表不凡的日本男子，有着与其身材不相匹配的辉煌经历：23岁，他创立了软件银行公司，1995年，他看准了网络产业，并选中雅虎进行投资，前后一共3.55亿美元的投入，不仅催生了世界第一的网络公司，还让软银自身拥有的雅虎公司股份的市值在4年后达到了骇人听闻的84亿美元！这样的大手笔不得不令人叹服。

孙正义此番联合了中国国内的几家机构是为搞一个项目评估会，打算挑选一些有潜力的公司进行投资。令马云没有想到的事情是，来见孙正义的并不止他一人，另有新浪网创始人王志东、网易的丁磊，他们都是中国高新技术领域的杰出人物，知名度远在马云之上。前面几拨互联网公司的人马都是三五成群，CEO带着CFO一起进去的，规模很大，队伍很整齐。而轮到马云的时候，只有他孤零零一个人，声势和架势上实在和别的团队不可同日而语。只是对于马云来说，之前刚刚完成了一轮融资，所以并不缺钱，他可以先用第一轮融资的资金支撑公司运营一段时间。因此在和孙正义谈话的时候，马云只是把这当成一个普通的谈话交流，简单介绍了一下自己未来想做什么，而并没有抱任何融资的想法。然而，说者无心听者有意，马云仅说了6分钟，便被孙正义打断了，表示愿意投资3000万美元给阿里巴巴。

对于孙正义，尽管通过马云五六分钟的介绍，对阿里巴巴的商业模式有了初步的了解，但也不是毫无顾虑，毕竟对于将来B2B会不会取得成功，那个时候还没有人能够证明。孙正义不愧是孙正义，他还是立即作出了投资的决定，展现出了独具慧眼的商业天分。“你的想法很不错，我一定要投资阿里巴巴，阿里巴巴一定会成为全世界一流的网站。”而马云当时确实也没有想要接受投资的强烈愿望，毕竟，阿里巴巴刚刚拿到了500

万美元的投资。所以，当孙正义问他需要多少钱时，他回答说自己“不缺钱”，这让孙正义很纳闷，“不缺钱你来干什么?”

事实上，从当时的情况判断，不缺钱的马云还是希望做成这笔投资的，只是别以被动接受投资的形式就行。对于许多互联网公司，当时是一个烧钱的年代，大家都在忙着吸引大笔的投资，动辄千万美元，只有有了这些资金，企业才能得以快速成长、壮大。阿里巴巴虽然已经有了高盛的500万美元投资，但是马云自己也清楚，这根本支撑不了多久。而孙正义表现出了足够的执著和热情，“我们要把阿里巴巴培育成世界上第二个雅虎。”这也正是马云想要的结果。

要清楚一点，之前孙正义对阿里巴巴完全没有进行任何的实地考察！鉴于此，不得不佩服孙正义作为亚洲第一投资家的胆识和魄力。马云在后来回忆起这一次的会面时说道：“孙正义很聪明，悟性特别高，我跟他一讲他就懂了，他的直觉和理解能力都不是一般人能比的。”孙正义提出3000万美元的数额，没想到马云认为多了，因为他担心软银持有的股权比例过大，阿里巴巴管理层股权稀释后有失去话语权的危险。想到这，他表示只需要孙正义2000万美元的投资，孙正义也同意了这一要求。

对于为什没有全额接受3000万美元的投资，马云在后来这样说道：“是的，我在赌博，但我只赌自己有把握的事。尽管我以前控制的团队不超过60人，掌握的钱最多200万美金，但2000万美金我管得了，过多的钱就失去了价值，对企业是不利的。”

就在马云收到孙正义2000万美元的融资不久后，硅谷互联网泡沫破灭，纳斯达克科技股纷纷暴跌，再也没有人愿意向中国的风险投资企业投资，而阿里巴巴却有充裕的资金，并凭借着这笔数额可观的融资度过了紧随而来的互联网寒冬。

随着阿里巴巴的不断成熟，孙正义的投资也在不断扩大，从最初的2000万美金到现在的655亿美元，阿里巴巴这片土壤让他尝足了甜头。支撑孙正义给阿里巴巴投资的原因不仅仅是信任，更多的则是他对未来的大胆设想以及拥有一颗执着追求的心。

思考题：

1. 支撑孙正义敢于向阿里巴巴投资的动力是什么?

2. 孙正义在与马云的短短几分钟谈话中就做出了重大的决议，你认为他是一个怎样的人?

3. 通过阅读本文，你认为孙正义投资成功的关键是什么?

总结分析：

（1）虽然未至人生的尽头，但孙正义的事业无疑是成功的，有那么多辉煌的和无法被超越的历史，已经可以算作是传奇人生。“读懂未来，看清趋势”，孙正义的远见是值得我们每一个人学习的。

（2）孙正义的成功并不是偶然，其身上有着值得探索的诸多特质，而一旦下定决心，便努力朝着目标奋进，不达目的誓不罢休的精神更是值得研究与借鉴。

案例二：搜狐网的诞生日记

搜狐公司董事局主席兼首席执行官张朝阳，1964 年 10 月 31 日出生于陕西省西安市。张朝阳从小就不安分，爱幻想，不甘落后，对很多东西感兴趣。他学过画画，做过飞机航模，拉过二胡，尤其喜欢看《水浒》。他喜欢看那些自学成材的故事，读《哥德巴赫猜想》，并暗立志向：要好好念书，将来出人头地。中学时代，他的理想是当物理学家，认为只有获得诺贝尔奖，才能成就一番大事业。这是他考取清华大学的直接动力，也是他考取李政道奖学金的直接动力。

张朝阳 1986 年毕业于清华大学物理系，同年获得李政道奖学金赴美留学，就读于美国麻省理工学院。1993 年底在美国麻省理工学院（MIT）获得博士学位，并继续在 MIT 从事博士后研究。1996 年创建 7 中国第一家以风险投资资金建立的互联网公司——爱特信公司，1998 年正式推出“搜狐”产品，并更名为搜狐公司。

1996 年，无论对于张朝阳还是后来的搜狐，抑或是今日的互联网，都是个不同寻常的开始。尽管在这一年，中国的教育网到美国的国际线路带宽仅仅 2M。在这一年，大部分中国人还不知道互联网为何物。事实上，根据中国互联网信息中心 CNNIC 的统计数据，即便到了 1997 年 10 月 31 日。中国也才有 29. 9 万台计算机上网、区区 62 万网络用户以及可怜的 1500 个互联网站点，那时的国际出口带宽也仅为 25. 408M。

同样是在这一年，从麻省理工学院归来并且一心想在中国创立自己的公司的张朝阳正在焦急地等待着千辛万苦融到的第一笔风险投资一总共 22 万美元。尽管只有 17 万美元最终进入了张朝阳的账户，成为创业资金，但它促成了首个携带海外风险投资回国的创业者迈出艰难的第一步。而张朝阳在 19% 年前后所遇到的一切正在今天几乎所有互联网创业公司内部不停地重演。唯一不同的是，这一年的张朝阳处在一种极其艰难却又极具机会的时点上，风险投资远在美国而且对中国网络公司兴趣缺乏。

很少有人知道，张朝阳特地选择了在 1995 年 10 月 31 日登机回国，是希望自己的生日能够给自己的未来选择带来一次“新生”。他在美国一住就是七年。七年中，在获得了博士学位后从事了两年的博士后研究。1994 年，张朝阳在 MIT 的实验室里被当时的“互联网”的奇妙所震撼，虽然当时的“信息高速公路”没有现在这样清晰的图文界面，只是通过代码和邮件在网上交谈，这样简单的应用却已有足够的吸引力使张朝阳暗自下了回国创业，自己建立网络公司的决心。

此时的张朝阳有机会多次往来于美国和中国之间，其间在一家美国互联网公司 ISI 的短暂工作经历，更加坚定了他自己创业的决心。但是那个时候他并不知道自己创业能够做什么，且在中国也没有任何资源。ISI 从事一些从于互联网的封闭式服务，即收集一些信息，譬如金融信息以及各种数据，并把它们在互联网上出售。

1996 年 7 月，张朝阳正式开始了他的融资之旅。然而那个时候，在美国的风险投资人眼里远在中国的创业并不被他们所相信，在那艰难的两个月中，为了给投资人打电话，他在美国大街上的公用电话亭排队，他甚至尝到过被投资人赶出办公室的滋味。这一切结束于麻省理工学院教授的引荐，使张朝阳见到了 MIT 媒体实验室主任、《数字化生存》的作者尼葛洛庞帝，这位风云人物在与张朝阳会谈之后答应给他的爱特信公司进行天使投资。

1996 年 8 月，ITC 爱特信电子技术（北京）有限公司正式注册。爱特信公司获得的第一笔风险投资共有 22 万美元，尽管最终只有 17 万美元供他创业，但他终于可以开始做他想做的事了。整整一年，在张朝阳的创业始发地 - - 万泉庄园，他开始了招兵买马、加班熬夜的创业生活，拿到了钱的张朝阳终于可以开始做他想做的公司了，但是具体到做什么样的业务、怎么做，成了摆在他面前的一个重大问题。他用了两个月的时间对此进行探索，决定做技术提供者还是信息提供者。又用了之后的一年时间在决定先做一个网站这个目标的同时，探索出了该在这个网站上放些什么的问题。

在当时，张朝阳的股东之一尼葛洛庞帝还投资了美国的另一家互联网网站，发明了网络广告商业模式的“热连线”。当时的“热连线”雇用了大量记者去采写新闻，他们写了大量高质量的短文章，图片新颖。报道方式也与当时的报纸杂志不同，特别适合数字化时代人们的阅读习惯，流量非常大。这也给张朝阳带来了很大启发，当即决定去美国拜访。然而经过短暂合作后发现，成本巨大的运作模式并不适合像爱特信这样的新兴公司，他开始尝试在自己网站上做内容，并且建立一些链接，没想到竟然收到了出其不意的良好效果。

这个尝试仅仅是个开始，它让张朝阳尝到了不用做内容的甜头。很快，爱特信的网站上就开始彻底放弃做内容，整体转向到超链接上。这些链接在当时的爱特信上也有个自己的名字“赛博空间”，后来改名为“指南针”，链接的流量已经越来越大，链接上开始有了各种内容，包括新华社的新闻，张朝阳开始为这个至关重要的链接栏目重新规划名字。与此同时，杨致远的雅虎开始火爆美国，张朝阳又开始借鉴雅虎的分类加导航模式，爱特信的名字终于从曾经用过的“搜乎”辗转变为了后来的“搜狐”。

从服务器托管到建立网站的概念，张朝阳一路走来摸索前行，从偏离“热连线”原创模式到确立超链接、导航模式，爱特信的尝试几经周折。但这些对于张朝阳来讲，都不算是创业的最难时刻，真正让他刻骨铭心的是他的第二轮融资。这次融资让他终于感受到了资本的力量和融资对于一个企业发展的深刻影响。如果说第一次融资的股东多少是基于对张朝阳个人的信任以及私交的话，那么第二次融资则再也没有这样的情感因素帮忙。对张朝阳来讲，这次融资的过程几经起伏、经历铭心刻骨。

1997 年 9 月已经消耗大半的融资资金，使张朝阳又开始了长达半年之久的融资之旅。

那个时候互联网还没有成为一个特别吸引人的概念。在美国只有网景公司上市，雅虎尚未上市，投资人更不相信一个中国的网络公司能够取得什么成功。当时的美国人对中国十分陌生，几乎没有投资人愿意听他的计划。事实上，那个时候能够找到一个愿意接见这个中国创业者的投资人都很困难。在罗伯特和尼葛洛庞帝的引荐下，张朝阳自费去美国加州见那些亿万富豪，他先在加州的一个小旅馆住下，用绿卡租了辆车，然后用了两天时间不停地打电话与这几位可能改变他公司命运的人约定见面时间。

1997 年 9 月 11 日让张朝阳终生难忘，他至今为自己在这一天表现出来的能力而骄傲。这一天，他马不停蹄地见了四个风险投资人，并且有两个答应了给他投资。尽管最后成功的几率特别小，但他还是毅然报着饱满的热情随时准备迎接来自风投人源源不断的问题和“审问”，譬如特尔公司曾对张朝阳进行了前后长达 6 个月的“审问”，平均每天 6 个问题。回国后有一天晚上英特尔的投资人打长途过来说还有一个问题想问。当时在发烧的张朝阳生怕投资人觉得我身体不好最后不再投资，所以不敢说自己在发烧，只能咬牙回答他的问题。

在融资的那段日子里，张朝阳几乎每天晚上都会在那间办公室兼卧室的桌子上、地上，或坐、或躺、或趴着写他的商业计划书。时至今日，他仍旧认为那份完备的商业计划书在当时具有空前的前瞻性。例如，他预言了一个商业网站应该是资讯和导航，也形容了门户的特征是信息的集合者而不是制造者，甚至还描述出了广告收入的曲线，以及对页面点击率与广告之间成长关系的算法、收入模式等。

但在张朝阳编写这份商业计划的时候，他还没有一笔网络广告收入，到了 1997 年 11 月，第一笔融资来的钱几乎快花光了。那时，他甚至到了把最早的两名员工叫到自己办公室，问他们那个月的工资迟一个月发可不可以的地步，因为他那时首先要考虑的是交房租。争取到为北京电信设计门户和几十个网页的项目使得爱特信又撑到了 1998 年 2 月份，直到 1998 年 4 月搜狐公司获得第二笔风险投资，投资者包括英特尔公司、道琼斯、晨兴公司、IDG 等，共计 220 多万美元。

在获得第二轮投资后，张朝阳明显感觉到了股东对收入要求的压力，他的工作重点开始转移到跑客户上，包括他最早的主顾——北京牛栏山酒厂的厂长，亦是最早请他设计制作网页的人。在那个网络广告并没有广为人知的年代，“您能不能试着投一个网络广告?”是他经常对这些网页客户说的一句话，接下来他就必须向这个客户解释什么叫网络广告。

后来网络广告成了搜狐最主要的营利模式——当到了 1998 年的时候，搜狐全年的广告收入已经达到 60 万美元。搜狐网站和它开发的诸多运营模式，开始成为后来运营者的样本。在即将到来的互联网大潮中，当张朝阳成为新一代青年偶像的时候，所有人都已开始相信——互联网将改变中国。

思考题：

1. 张朝阳今天的成功与其出国留学有着怎样的联系？

2. 张朝阳在创办搜狐之初有哪些难忘的经历？

3. 通过阅读本文，你认为搜狐网站的运营模式是怎样的？

总结分析：

（1）张朝阳曾提到："中国互联网行业之所以能蓬勃发展，依靠的是最纯粹、最完全的竞争，纯市场经济造就了最成功的产业。"实现公平竞争才能使企业不断做大、做强。

（2）勤劳是创业的基础，计划是创业的动力。张朝阳在创办搜狐时几乎将二者发挥到极致，可谓是"天终不负有心人"。

附录一　创新能力测试

测试1　创新思维能力测试

创造性人才在企业中越来越重要，这类人才能够创造性地完成工作，不会被困难吓倒，不会因为条件不具备而放弃努力。在寻找创新、开发、管理方面的人才时，必须考虑人才的创新能力。

下面是10个题目，如果符合你的情况，回答“是”，不符合则回答“否”，拿不准则回答“不确定”。

1. 你认为那些使用古怪和生僻词语的作家纯粹是为了炫耀。
2. 无论什么问题，要让你产生兴趣，总比让别人产生兴趣要困难得多。
3. 对那些经常做没把握事情的人，你不看好他们。
4. 你常常凭直觉来判断问题的正确与错误。
5. 你善于分析问题，但不擅长对分析结果进行综合、提炼。
6. 你审美能力较强。
7. 你的兴趣在于不断提出新的建议，而不在于说服别人去接受这些建议。
8. 你喜欢那些一门心思埋头苦干的人。
9. 你不喜欢提那些显得无知的问题。
10. 你做事总是有的放矢，不盲目行事。

评分标准

题号	“是”评分	“不确定”评分	“否”评分
1	-1	0	2
2	0	1	4
3	0	1	2
4	4	0	-2
5	-1	0	2
6	3	0	-1
7	2	1	0

续表

题号	"是"评分	"不确定"评分	"否"评分
8	0	1	2
9	0	1	3
10	0	1	2

得分 22 分以上，则说明被测试者有较高的创造思维能力，适合从事环境较为自由，没有太多约束，对创新性有较高要求的职位，如美编、装潢设计、工程设计、软件编程人员等。

得分 21 ~ 11 分，则说明被测试者善于在创造性与习惯做法之间找出均衡，具有一定的创新意识，适合从事管理工作，也适合从事其他许多与人打交道的工作，如市场营销。

得分 10 分以下，则说明被测试者缺乏创新思维。

测试 2　创造力测试

下面是 20 个问题，如符合自身情况，则在（）里打上"√"，不符合的则打"×"。

（1）听别人说话时，你总能专心倾听。（　　）

（2）完成了上级布置的某项工作，你总有一种兴奋感。（　　）

（3）观察事物向来很精细。（　　）

（4）在说话以及写文章时经常采用类比的方法。（　　）

（5）总能全神贯注地读书、书写或者绘画。（　　）

（6）从来不迷信权威。（　　）

（7）对事物的各种原因喜欢寻根问底。（　　）

（8）平时喜欢学习或琢磨问题。（　　）

（9）经常思考事物的新答案和新结果。（　　）

（10）能够经常从别人的谈话中发现问题。（　　）

（11）从事带有创造性的工作时，经常忘记时间的推移。（　　）

（12）能够主动发现问题以及和问题有关的各种联系。（　　）

（13）总是对周围的事物保持好奇心。（　　）

（14）能够经常预测事情的结果，并正确地验证这一结果。（　　）

（15）总是有些新设想在脑子里涌现。（　　）

（16）有很敏感的观察力和提出问题的能力。（　　）

（17）遇到困难和挫折时，从不气馁。（　　）

（18）在工作遇上困难时，常能采用自己独特的方法去解决。（　　）

（19）在问题解决过程中找到新发现时，你总会感到十分兴奋。（　　）

（20）遇到问题，能从多方面、多途径探索解决它的可能性。（　　）

评价标准：

如果 20 道题答案都是打“√”的，则证明创造力很强；如果 16 道题答案打的是“√”，则证明创造力良好；如果有 10 ~ 13 题答案打的是“√”，说明创造力一般；如果低于 10 题答案打的是“√”，说明创造力不足。

测试 3　工作创意测试

下面是 10 个题目，请在括号中的备选答案中选择一个。

（1）你在接到任务时，是否会问一大堆关于如何完成任务的问题？（肯定评 0 分，否定评 1 分）

（2）你在完成任务过程中，是否不善于思考而习惯于找他人帮忙，或者不断来问别人有关完成任务的问题？（肯定评 0 分，否定评 1 分）

（3）在任务完成得不好时，你是否会找出一大堆理由来证明任务太难？（肯定评 0 分，否定评 1 分）

（4）对待多数人认为很难的任务，你是否有勇气和信心主动承担？（肯定评 1 分，否定评 0 分）

（5）当别人说不可能时，你是否就放弃？（肯定评 0 分，否定评 1 分）

（6）你完成任务的方法是否与他人不一样？（肯定评 1 分，否定评 0 分）

（7）在你完成任务时，领导针对任务问一些相关的信息，你是否总能回答上来？（肯定评 1 分，否定评 0 分）

（8）你是否能够立即行动，并且工作质量总能让领导满意？（肯定评 1 分，否定评 0 分）

（9）工作完成得好与不好，你是否很在意？（肯定评 1 分，否定评 0 分）

（10）对于做好了的工作，你能否很有条理地分析成功的原因和不足？（肯定评 1 分，否定评 0 分）

评价

能够得 10 分，则受测试者创意能力很棒；能够得 7 ~ 9 分，则受测试者创意能力较强；如果 5 ~ 6 分，受测试者创意能力一般；如果低于 5 分，受测试者创意能力很差。

附录二　创业能力测试

测试1　测试你适不适合创业

一、有一天，你接到了三个邀请，但恰好都是周末同一天的下午：中国的首富在某报告厅讲他成功的辉煌经历，听了让人热血沸腾；一个知名老板讲述几起几落的失败故事，不讲辉煌专讲失败的经历；十多年未见的一群同学聚会，不能错过。你会选择哪一个？

1. 听成功故事
2. 听失败的故事
3. 选择同学聚会

选择结果分析：

这道题是测试一个人是否有理性头脑的。众多的创业者都属于“激情创业”。创业需要有激情，但光有激情不够。很多人太受那些成功故事的激励，热血沸腾，往往不分析自己的能力，不管市场时机，更不管多少人失败，毅然决然地为了创业而创业。有不愿意给人打工的强烈心理，认为失败是别人的，别人的成功完全可以 copy 到自己头上，自己的成功似乎就在明天。激情万丈，甚至借钱创业，不顾一切。这是可怕的。

1. 有创业的强烈激情，但缺乏理性，如果创业，失败可能性大。成功者辉煌的成功故事随处可见，不是难得的资料；而且一个人在成功的时候，他所讲述的成功传奇，有作秀的成分，不能给创业者带来真正的启示。

2. 有创业想法，也不乏理性，适合创业。大多数人都喜欢看成功的故事，以激励自己；但一个人成功了，其实其背后还有九百九十九个失败者。要想创业，没有人不想成功，但如果一开始不多想想失败，将来多半失败。失败者的故事很少受关注，也很少有人愿意讲出来，但失败者的总结往往最珍贵。

3. 正在奋斗阶段，要不断地提升自己。讲演是对你事业上有所启示，错过了就不再有；而同学聚会则今天不去明天还可以。同学永远是同学，不会因为你没去成就断绝同学关系了，况且十多年未见，除了叙旧还有什么共同语言吗？

二、你付出了很多才华智慧和心血，为公司谈成了一笔又一笔生意。但很多同事对你很是嫉妒，背后经常说你的坏话，并造谣说你拿了回扣等等。你会选择怎么做？

1. 一有机会你就跟人解释
2. 有些沮丧
3. 一笑了之
4. 枪打出头的鸟，以后少卖力，跟大家一样

选择结果分析：

这道题是测试一个人做事是否有恒心和定力的。创业，往往都会经历最艰苦的阶段，甚至周围的人都说风凉话，团队成员也打退堂鼓，这时候你作为创业核心成员，如果没有定力而是人云亦云，就不适合创业，创业中遇到困难也会退缩。

选择 1、2、4，都不适合创业；3 的性格是创业型人才应有的性格。有些事，不是靠解释就能澄清的，唯有让时间去作证。自己认为正确的路，就要坚定地走下去，冷嘲热讽不能动摇你，挫折失败让你更坚强。

三、工作中的应酬很多，因此你经常在外面的酒店用餐。你平时喜欢吃东北菜。一次，一个客户招待你，他招待你的酒店你没来过，菜肴风味是贵州风味，你以前从没吃过的。虽然该酒店特色是贵州菜，但东北菜也有。客户让每人点一个菜，你会点哪一个？

1. 点平时最喜欢的东北菜
2. 点一个没吃过的贵州特色菜
3. 请服务员随便推荐一个菜
4. 犹犹豫豫，不知道点什么好，不愿自己点菜，最后让对方代劳了，点什么吃什么，不挑剔

选择结果分析：

这道题是测试一个人是否有创新意识的题。一个创业型人才，必须具备创新的头脑。保守的人，无法勇敢地迈出创业的第一步。从吃菜上可以看出一个人的性格。一个从不想尝试没吃过的菜的人，是比较保守的人，不适合创业。

1. 你很保守，不乐于创新，不适合创业，喜欢按部就班，适合在大公司里稳步地做事。

2. 你是个乐观、做事果断、不太拘小节的人，容易跨出创业的第一步。

3. 这种人多是顺从型的，没有自己的主见，习惯于顺从别人的意见，是个很好的下属。有执行力，没有决策力。

4. 做事一丝不苟、慎重，但你的谨慎往往是因为过分考虑对方立场所致。对自己的想法没有自信，常顺从别人的意见，易受人影响，不适合创业。

四、写字楼里坐在你对面的一个同事，平时工作上很多方面需要他的配合。他很有才华，但是不拘小节，性格孤僻不合群，单位组织集体活动他也经常不参加。这次单位组织集体游玩活动，领导让你参与组织。到了旅游景点，大家有说有笑，三五成群地走，唯独

他一个人溜边儿没人搭理。看到这个情况，你会怎么做？

1. 既然是出来玩儿，怎么高兴怎么玩儿，不用管他

2. 发动几位同事照顾一下他，带着他一起玩儿

3. 心想：他让人扫兴，类似的活动他不来更好

选择结果分析：

这道题是测试一个人是否具有团队作战精神以及是否具有领导才能的。创业，总是需要各种的人才，而各类人才都不是十全十美的，很多有才华的人甚至有各种怪癖。你是否能团结他、容忍他、调动他，能看出你是否具备领导团队作战的能力，以及你是否具有团队意识。

选择1的，属于单打独奏型的人，独立作战可以，带兵打仗不成；选择答案3的，属于偏激、眼里不容沙子、对人要求极苛刻、不宽容的人，不适合做将帅之才；选择答案2的，有宽容的心，有细致的心，有带领团队一起作战的领导才能，属情感智商高的类型，具有创业型人才所必备的品格。

五、公司下班了，你正在加班。突然一个客户来到办公室又踢又嚷，情绪十分激动。而此时，客户服务经理已经下班，公司领导也在外开会一天没来，公司里只有十几个跟自己一样加班的同事。客户一直在前台那里嚷嚷。

1. 你拿起桌上的电话报警，让警察或者保安出面处理

2. 公司分工很明确，不是自己部门的事不必多管

3. 代表公司出面临时接待一下，周旋、处理、安抚一下

选择结果分析：

这道题是测试一个人是否具有敢于直接扛责任、接受挑战的心理素质。创业，必然有很多棘手的麻烦，只能独自去面对，躲避不掉，更不是每件事都可以提前预料。遇到好事就往前冲、遇到一点麻烦就往后溜的人，不是能敢于直面挑战和各种压力的人，不适合创业。

选择1的，处理事情以硬碰硬，过于冲动，面对创业过程中可能出现的各种棘手的事容易采取过激的方法来处理；选择2的人，属于明哲保身的人，是个好员工，但不会是个能创业的人；选择3的人，做事果断而不失去理性，心理素质较高，能担负起一切责任和压力，是创业型人才。

测试2　创业素质测评

看看自己是否为创业做好了准备。

（1）你对创业的法律形式是否明确？

A. 是　　B. 不确定　　C. 否

(2) 你有把握筹集到创建自己企业的启动资金吗?
A. 是　　B. 不确定　　C. 否
(3) 你确定了解将要出售的商品或提供的服务吗?
A. 是　　B. 不确定　　C. 否
(4) 你是否做了市场细分并确定了你的销售对象?
A. 是　　B. 不确定　　C. 否
(5) 你是否访问过10位以上的潜在顾客，并向他们了解对你的产品或服务的意见?
A. 是　　B. 不确定　　C. 否
(6) 你是否知道谁是你的现实或潜在的竞争对手?
A. 是　　B. 不确定　　C. 否
(7) 你对主要竞争对手做过优势和劣势的比较吗?
A. 是　　B. 不确定　　C. 否
(8) 你的开业地址确定了吗?
A. 是　　B. 不确定　　C. 否
(9) 你对销售的商品或提供的服务制定出价目表了吗?
A. 是　　B. 不确定　　C. 否
(10) 你是否决定花一部分钱做广告宣传?
A. 是　　B. 不确定　　C. 否
(11) 你对企业的促销做预算了吗?
A. 是　　B. 不确定　　C. 否
(12) 你是否已经做了一年的销售预算?
A. 是　　B. 不确定　　C. 否
(13) 你是否已经根据预算做出了盈亏平衡分析?
A. 是　　B. 不确定　　C. 否
(14) 你对开业一年的损益状况做出预测分析了吗?
A. 是　　B. 不确定　　C. 否
(15) 你第一年的经营状况能保证不亏吗?
A. 是　　B. 不确定　　C. 否
(16) 你制订了第一年的现金流量计划吗?
A. 是　　B. 不确定　　C. 否
(17) 你和开业有关的政府各部门都接洽过吗?
A. 是　　B. 不确定　　C. 否

（18）如果向银行借款，你是否有担保的资产？

A. 是　　B. 不确定　　C. 否

（19）你知道需要怎样的员工与员工的数量吗？

A. 是　　B. 不确定　　C. 否

（20）你知道雇佣员工所必须了解的法律知识吗？

A. 是　　B. 不确定　　C. 否

（21）你知道对员工必须承担的责任和义务吗？

A. 是　　B. 不确定　　C. 否

（22）你知道你的企业必须投保哪些险种吗？

A. 是　　B. 不确定　　C. 否

（23）你知道什么是为职工缴纳的“三金”吗？

A. 是　　B. 不确定　　C. 否

（24）你知道你的企业是否需要办理特种行业的申办手续吗？

A. 是　　B. 不确定　　C. 否

（25）你对申办企业的手续做过详尽地调查与咨询吗？

A. 是　　B. 不确定　　C. 否

（26）你清楚你的企业必须申办哪些许可证吗？

A. 是　　B. 不确定　　C. 否

（27）你是否为申办你的企业制定了申办流程和期限表？

A. 是　　B. 不确定　　C. 否

（28）你对将涉足的行业了解吗？

A. 是　　B. 不确定　　C. 否

（29）你办企业是否获得家人的支持并已经安排了家庭开支？

A. 是　　B. 不确定　　C. 否

（30）你是否坚信一定能把自己的企业办好？

A. 是　　B. 不确定　　C. 否

评分标准：

选择“是”得3分；选择“不确定”得1分；选择“否”得0分。

满分为90分。如果你的得分为60分或以下，建议你再做努力，等准备较为充分时再进入创业实施阶段。

测试3　创业者个性特征测试

测试包括32组句子，选择最能够反映你个人观点的句子（在每组中选择“A”或“B”）。

1. A. 工作一定要完成。

B. 我喜欢与优秀的朋友在一起，这样我能够获得他们对我的工作的见解和建议。

2. A. 当我的责任增加时，我会感到更加快乐。

B. 我喜欢把事情都事先安顿好。

3. A. 我决不做任何可能使自己受损失的事情。

B. 理解如何赚钱是创业的第一步。

4. A. 不管是多好的事情，如果这件事情的失败可能使我招致嘲笑，我就不会冒险去做。

B. 除了工作之外，我还记挂着别人的安康。

5. A. 我会为自己开创的任何事业而努力。

B. 我只会做那些使我开心并有安全感的事。

6. A. 如果我失败了，别人会嘲笑我。

B. 尽管我对自己很有信心，我还是需要别人的建议。

7. A. 在遇到困难时，我要找到解决的方法。

B. 如果在新开创的事业中失败，我会继续目前的工作。

8. A. 如果我觉得一个想法是好主意，我就会去实践这个想法。

B. 我能够比现在做得更好。

9. A. 工作时，我会注意维系良好的人际关系。

B. 不管发生什么事，它们都是我从经历中学习的机会。

10. A. 即使我的努力失败了，我也能从中学到东西。

B. 我喜欢舒适的生活。

11. A. 我只会投资比赛或彩票，总有一天幸运会落在我头上的。

B. 如果我在工作中失利，我会努力找出原因。

12. A. 我会尊敬我的员工，并对他们一视同仁。

B. 如果能有更好的工作，我就会离开现在的工作。

13. A. 在实施一个新的想法之前，我会慎重考虑。

B. 如果我的叔叔去世，我会先去参加葬礼，即便这会导致公司订单延误好几天。

14. A. 只有当我拥有资本时，我才能够发展一份事业。

B. 我希望能够自己做出重要决定。

15. A. 当别人的好意和信任被背叛时，我不会坐视不理。

B. 如果事情没有按照我的想法发展，我会寻求其他的替代机会。

16. A. 我可以犯错误。

B. 我非常喜欢与朋友谈天。

17. A. 我希望我的钱能够安全地存在银行里。
    B. 我完全认可我的工作，同时我也了解它的优势。
18. A. 我希望能够拥有很多钱从而过上舒适的生活。
    B. 在做决定时我希望能够得到别人的帮助。
19. A. 人们首先应该照顾好自己的亲人和朋友。
    B. 我喜欢解决难题。
20. A. 即便可能损害自己，我也不会做让别人不开心的事情。
    B. 钱是事业发展的必需品。
21. A. 我希望我的事业能够很快发展起来，这样我就不会遇到经济紧张的困境。
    B. 不能因为不成功就去责备自己。
22. A. 我应该能够独立地按照自己的想法去做事。
    B. 只有为自己的未来积累了一大笔钱后我才会幸福。
23. A. 如果我失败了，那主要是别人的错误造成的。
    B. 我只会做那些让我感觉舒服且令我满意的事情。
24. A. 在开始一份工作之前，我会认真考虑它是否会对我的声誉造成不利的影响。
    B. 我希望自己能和别人一样，也买得起昂贵的东西。
25. A. 我希望能够有舒适的房子住。
    B. 我会从失败中吸取教训。
26. A. 在做任何工作之前，我都要考虑它的长期影响。
    B. 我希望每件事情都能按照我的想法进行。
27. A. 金钱能够带来舒适，所以我的主要目标在于赚钱。
    B. 我喜欢在能够经常见到朋友的地方工作。
28. A. 我了解自己正在做的事，我不怕受到别人的批评。
    B. 如果我失败了，我会觉得自己非常差劲。
29. A. 碰到困难是常有的事，我应该去做一些好的新工作。
    B. 在开始新工作之前，我会采纳有经验的朋友们的建议。
30. A. 我的所有经历都会激励我前进。
    B. 我希望能有很多钱。
31. A. 我喜欢每天从容不迫，万事顺利，没有任何烦恼。
    B. 不管遇到多大的障碍，我将努力达到目标。
32. A. 我不喜欢别人无故干涉我做事。
    B. 为了赚钱，我可以做任何事情。

根据下表将每题所得分数相加。

题号	A	B	题号	A	B
1	1	2	17	0	2
2	2	1	18	1	0
3	0	1	19	0	2
4	0	1	20	1	1
5	2	1	21	1	0
6	0	2	22	1	1
7	2	0	23	0	2
8	1	2	24	1	1
9	1	2	25	1	2
10	2	1	26	1	1
11	0	2	27	1	1
12	1	1	28	2	0
13	2	0	29	0	1
14	1	1	30	2	1
15	1	1	31	1	2
16	2	1	32	1	0

参考文献

[1] 张玉华，王周伟．创业基础［M］．北京：清华大学出版社，2014.
[2] 李伟，张世辉．创新创业教程［M］．北京：清华大学出版社，2015.
[3] 张利．第一桶金：大学生创业篇［M］．北京：中国纺织出版社，2015.
[4] 曹培强．大学生创新教程［M］．北京：中国人事出版社，2015.
[5] 杨凤．创业理论与实务［M］．北京：清华大学出版社，2014.
[6] 郭强．创新能力培训全案［M］．北京：人民邮电出版社，2014.
[7] 杨乐克．大学生创新创业教程［M］．北京：中国时代经济出版社，2014.
[8] 汤锐华．大学生职业规划与发展［M］．北京：冶金工业出版社，2014.
[9] 刘万韬．大学生创新与创业教程［M］．天津：南开大学出版社，2013.
[10] 王晓进．大学生创业理论与实践［M］．北京：科学出版社，2014.
[11] 夏洪胜，张世贤．创业与企业家精神［M］．北京：经济管理出版社，2014.
[12] 郭国庆，姚飞．创业管理——理论与实训［M］．大连：大连理工大学出版社，2013.
[13] 吴寿仁．创新思维力［M］．北京：新华出版社，2015.
[14] 高振强．大学生创业实务与训练［M］．北京：科学出版社，2013.
[15] 徐秀艺，寇静．创新思维［M］．北京：中国人民大学出版社，2013.
[16] 张玉华，王周伟．创业基础［M］．北京：清华大学出版社，2014.
[17] 陈一佳．创客法则：顶级创业公司的创新密码［M］．北京：中信出版社，2015.
[18] 严红，张守友，母诚荣．职业发展与就业指导［M］．北京：冶金工业出版社，2014.
[19] 袁凤英，王秀红，董敏，等．创新创业能力训练［M］．北京：中国古籍出版社，2014.
[20] 陈红喜，王冀宁．大学生创业创新的模式选择与牵引机制——基于200个大学生创业项目的典型案例研究［M］．北京：经济管理出版社，2014.
[21] 于跃龙．心理游戏速查速用大全集［M］．北京：中国法制出版社，2014.
[22] 李振杰，陈彦宏．我的未来我做主——大学生就业与创业指导［M］．厦门：厦门大学出版社，2014.

[23] 黄亚生，余典范，张世伟，等．MIT 创新课：麻省理工模式对中国创新创业的启迪[M]．北京：中信出版社，2015.
[24] 贾昌荣．做最成功的创客：大学生创业的 9 堂必修课 [M]．北京：经济管理出版社，2015.
[25] 伊萨多·夏普．从领先到极致：互联网时代的创业、创新与管理哲学 [M]．赵何娟，译．北京：光明日报出版社，2015.
[26] 陈永奎．大学生创新创业基础教程 [M]．北京：经济管理出版社，2015.
[27] 胡飞雪．创新思维训练与方法 [M]．北京：机械工业出版社，2015.
[28] 刘志超．创业基础 [M]．北京：科学技术文献出版社，2015.
[29] 周桥，刘穆远．微创业全攻略 [M]．广州：广东经济出版社，2015.
[30] 王琴．跨国公司创业模式 [M]．上海：上海财经大学出版社，2010.
[31] 钱志新．新商业模式 [M]．南京：南京大学出版社，2008.
[32] 魏炜．朱武祥．发现商业模式 [M]．北京：机械工业出版社，2009.
[33] 罗玲玲．创意思维训练 [M]．北京：首都经贸大学出版社，2010.
[34] 冯晓琦．风险投资 [M]．北京：清华大学出版社，2012.
[35] 布莱克韦尔．创业计划书 [M]．北京：机械工业出版社，2009.
[36] 张玉利，陈寒松．创业管理 [M]．北京：机械工业出版社，2011.
[37] 田毕飞．创业者性格特质与中国中小企业国际创业策略研究 [M]．北京：人民出版社，2014.
[38] 张玉利．创业研究：经典文献述评 [M]．天津：南开大学出版社，2010.
[39] 严中华．社会创业 [M]．北京：清华大学出版社，2008.
[40] 李肖鸣．创业基础慕课学习评价手册 [M]．北京：清华大学出版社，2015.
[41] 任荣伟．内部创业战略 [M]．北京：清华大学出版社，2014.
[42] 何传添，等．大学生创业管理教程 [M]．北京：清华大学出版社，2015.
[43] 徐俊祥．大学生创业基础知能训练教程 [M]．北京：现代教育出版社，2014.
[44] 韩雪，周颂．大学生创业宝典 [M]．北京：中国金融出版社，2013.
[45] 万炜，朱国炜．创业案例集锦 [M]．北京：中国人民大学出版社，2013.
[46] 刘平．大学生创业基础 [M]．北京：机械工业出版社，2013.
[47] 严行方．给大学生创业坡点冷水 [M]．广州：广东旅游出版社，2013.
[48] 刘普波．大学生创业指导与风险规避 [M]．上海：立信会计出版社，2013.
[49] 詹文杰．创意人 [M]．北京：人民交通出版社，2003.
[50] 张小强．今天，你创业了吗？[M]．北京：清华大学出版社，2010.
[51] 李东．大学生创业教育 [M]．济南：泰山出版社，2010.

［52］李士，甘华鸣．创新能力训练和测验［M］．合肥：中国科学技术大学出版社，2015.
［53］王健．创新启示录·超越性思维［M］．上海：复旦大学出版社，2004.
［54］杨安，夏伟，刘玉．创业管理：大学生创新创业基础［M］．北京：清华大学出版社，2011.
［55］郑伟．大学生创业指导教程［M］．北京：机械工业出版社，2011.
［56］老枪．大学生创业案例：我要自己打天下［M］．重庆：重庆大学出版社，2010.
［57］何静．大学生创新能力开发与应用［M］．上海：同济大学出版社，2011.
［58］马旭晨．大学生创新能力开发与应用［M］．上海：同济大学出版社，2011.
［59］张林，张汝山．大学生创业案例解析［M］．南京：南京大学出版社，2013.
［60］刘亚娟．创业风险管理［M］．北京：中国劳动社会保障出版社，2011.
［61］周三多，陈传明，鲁明泓．管理学——原则与方法［M］．上海：上海复旦大学出版社，2005.
［62］钟晓红．大学生创业教育［M］．北京：北京理工大学出版社，2010.